Marco Klein

Prüfung der Eignung eines Linux Hard-Softwaresystem
meßwerterfassung

Marco Klein

# Prüfung der Eignung eines Linux Hard-Softwaresystems im Bereich der Echtzeitmeßwerterfassung

Diplom.de

**Bibliografische Information der Deutschen Nationalbibliothek:**

Bibliografische Information der Deutschen Nationalbibliothek: Die Deutsche
Bibliothek verzeichnet diese Publikation in der Deutschen Nationalbibliografie;
detaillierte bibliografische Daten sind im Internet über http://dnb.d-nb.de/ abrufbar.

Copyright © 1999 Diplomica Verlag GmbH
Druck und Bindung: Books on Demand GmbH, Norderstedt Germany
ISBN: 978-3-8386-1830-2

http://www.diplom.de/e-book/217682/pruefung-der-eignung-eines-linux-hard-
softwaresystems-im-bereich-der-echtzeitmesswerterfassung

Marco Klein

# Prüfung der Eignung eines Linux Hard-Softwaresystems im Bereich der Echtzeitmeßwerterfassung

**Diplomarbeit**
**an der Fachhochschule Fulda**
**Fachbereich Angewandte Informatik und Mathematik**
**Prüfer Prof. Dr. Helmut Dohmann**
**Juni 1999 Abgabe**

*Diplomarbeiten* Agentur
Dipl. Kfm. Dipl. Hdl. Björn Bedey
Dipl. Wi.-Ing. Martin Haschke
und Guido Meyer GbR

Hermannstal 119 k
22119 Hamburg

agentur@diplom.de
**www.diplom.de**

ID 1830
Klein, Marco: Prüfung der Eignung eines Linux Hard-Softwaresystems im Bereich der
Echtzeitmeßwerterfassung / Marco Klein - Hamburg: Diplomarbeiten Agentur, 1999
Zugl.: Fulda, Fachhochschule, Diplom, 1999

---

Dipl. Kfm. Dipl. Hdl. Björn Bedey, Dipl. Wi.-Ing. Martin Haschke & Guido Meyer GbR
Diplomarbeiten Agentur, http://www.diplom.de, Hamburg 2000
Printed in Germany

*Diplomarbeiten* Agentur

# Wissensquellen gewinnbringend nutzen

**Qualität, Praxisrelevanz und Aktualität** zeichnen unsere Studien aus. Wir bieten Ihnen im Auftrag unserer Autorinnen und Autoren Wirtschafts- studien und wissenschaftliche Abschlussarbeiten – Dissertationen, Diplomarbeiten, Magisterarbeiten, Staatsexamensarbeiten und Studien- arbeiten zum Kauf. Sie wurden an deutschen Universitäten, Fachhoch- schulen, Akademien oder vergleichbaren Institutionen der Europäischen Union geschrieben. Der Notendurchschnitt liegt bei 1,5.

**Wettbewerbsvorteile verschaffen** – Vergleichen Sie den Preis unserer Studien mit den Honoraren externer Berater. Um dieses Wissen selbst zusammenzutragen, müssten Sie viel Zeit und Geld aufbringen.

**http://www.diplom.de** bietet Ihnen unser vollständiges Lieferprogramm mit mehreren tausend Studien im Internet. Neben dem Online-Katalog und der Online-Suchmaschine für Ihre Recherche steht Ihnen auch eine Online-Bestellfunktion zur Verfügung. Inhaltliche Zusammenfassungen und Inhaltsverzeichnisse zu jeder Studie sind im Internet einsehbar.

**Individueller Service** – Gerne senden wir Ihnen auch unseren Papier- katalog zu. Bitte fordern Sie Ihr individuelles Exemplar bei uns an. Für Fragen, Anregungen und individuelle Anfragen stehen wir Ihnen gerne zur Verfügung. Wir freuen uns auf eine gute Zusammenarbeit

**Ihr Team der *Diplomarbeiten* Agentur**

Dipl. Kfm. Dipl. Hdl. Björn Bedey
Dipl. Wi.-Ing. Martin Haschke
und Guido Meyer GbR

Hermannstal 119 k
22119 Hamburg

Fon: 040 / 655 99 20
Fax: 040 / 655 99 222

agentur@diplom.de
www.diplom.de

# Inhaltsverzeichnis

# Kapitel 1

# Einleitung

## 1.1 Motivation

LINUX, das im Quellcode vorhandene Unix-artige Betriebssystem ist in aller Munde und das nicht mehr nur in einschlägigen Kernelhackerkreisen, sondern es gewinnt allmählich auch Microsoft Windowsanhänger für sich. Kein Computermagazin ignoriert die Euphorie um das junge in Finnland entstandene freiverfügbare Betriebssystem.

 Besuchte man dieses Jahr die weltweit größte Computermessen CEBIT, so konnte man in allen Ecken und Enden der Messehallen das Wahrzeichen des Systems, den kleinen Pinguin „TUX" erspähen. Auch große Softwareanbieter, wie Oracel, Corel und Star Division sehen die Vormachtstellung des Gates-Imperium wackeln und portieren große Teile ihrer Produktpaletten auf das neue System und festigen es so als ernstzunehmendes System. Die Zeiten der kryptischen Bedinung eines Unix sind durch das Entstehen von graphischen Oberflächen, interaktiven Fenstermanager (KDE, Gnom-Projekt etc.) und Administrationstools (eine Linux-Installation mit Hilfe des YAST[1] dauert keine halbe Stunde und das System ist vorkonfiguriert inkl. des X-Systems) vorbei. Dadurch, daß der Quellcode des Kernel und seiner Tools vorhanden ist entwickelte sich das System in den letzten 2 Jahren sehr schnell weiter und blieb so immer am Stand der Technik. Heute existieren für die verschiedensten Hardwareerweiterungen, wie ISDN-, 3D- und Videokarten Treiber für LINUX und können somit eingesetzt werden. Die Vorteile eines Betriebs-

---

[1]Adminstrations- und Installationstool der SuSe-Distribution

systems, welches inklusive Sourcecode frei verfügbar ist machten sich aber
auch noch andere Bereiche zu nutzen. So entstanden die letzten Jahre immer
neue Linux-Portierungen für die unterschiedlichsten Hardwarearchitekturen
inklusive Mikroprozessoren für „embeded Systems". Um den Einsatzbereich
des kostenlosen Systems noch zu erweitern, entstand Anfang 1998, an der
amerikanischen Universität New Mexico Tech „Department of Computer
Science", die Idee eine *echtzeitfähige* Version des Kernel zu implementieren.
Heute, anfang 1999 existieren Echtzeiterweiterungen für die „alte" Kernelversion 2.0.x und die „brandneue" 2.2.x, die während meiner Diplomarbeit
freigegeben wurde, da der Entwicklerkernel[2] einen stabilen Zustand erreicht
hatte.

## 1.2  Zielsetzung

Da der Einsatzbereich von Echtzeitsystemen in der Abteilung Elektropla-
nung sich im wesentlichen auf Prüfstände bezieht, ist es notwendig analoge
Signale von Sensoren aufzunehmen und diese auszuwerten. Da die Architektur eines INTEL i386-System analoge Signale nicht verarbeiten kann und
der Kernel 2.0.36 keine Treiber für entsprechende Meßkarten beinhaltet,
entschied ich mich für eine in der Vergangenheit eingesetzte Meßkarte von
der Firma Meilhaus. Hierzu ist es notwendig einen geeigneten Treiber zu ent-
wickeln, da der Entwickler der Karte das Linux-System nicht unterstützt.
DOS- und Windows Treiber existieren im Sourcecode, was die Implementierung für LINUX erheblich vereinfachen dürfte. Aus vorab Informationen,
die in der Mailingliste zum RTL-Projekt diskutiert wurden, weiß ich, daß es
kein Problem ist, einen existierenden Linux-Treiber für den Echtzeitkernel
zu modifizieren. Also besteht meine erste Aufgabe in der Implementierung
eines Linux-Treibers für die Meßkarte ME300. Um die grundlegenden Zu-
sammenhänge des Kernel und seiner Treiberschnittstellen zu verstehen, gebe
ich einen kurzen Abriß in die Linux Kernel Programmierung. Hierbei soll besonders die einfache Erweiterung des Systems an eigene Ansprüche gezeigt
werden.
Der nächste Schritt stellt das Vorstellen und Anwenden der Echtzeiterweiterungen des RTLinux dar. Hierfür werde ich den nicht echtzeitfähigen Treiber
auf den RTLinux-Kernel portieren, um Meßungen in *Echtzeit* durchführen
zu können. Abschließend soll die Leistungsfähigkeit des Echtzeitbetriebssystems RTLinux mit Hilfe einiger Meßungen im Mikrosekundenbereich belegt
und bewertet werden. Eine Untersuchung auf verschiedenen Rechnerplattfor-
men ist nicht Teil der Arbeit. Ebenso wenig ein Durchleuchten der internen
Abhängigkeiten und Zusände des Betriebssystems.

---

[2]Nebem dem Userkernel (die zweite Zahl in der Versionsnummer ist gerade) existiert
immer noch ein Entwicklerkernel (2.1.x bzw. heute 2.3.x).

# Kapitel 2

# Echtzeit-Betriebssysteme

## 2.1  Anforderungen

Die besondere Situation die Echtzeitsysteme darstellen und die daraus resultierenden Anforderungen an ein Echtzeitbetriebssystem sind Inhalt dieses Kapitels. Um die Anforderungen eines Echtzeitbetriebssystems spezifizieren zu können, ist es notwendig den Begriff *Echtzeitsystem* näher zu erläutern. Hierzu sagt eine Definition der DIN:

„Echtzeitsysteme sind Systeme, welche auf ein äußeres Ereignis unter allen Bedingungen definiert antworten, wobei die Antwort immer innerhalb einer bestimmten Zeitschranke erfüllt wird. Das Überschreiten von Zeitschranken wird als Versagen des Gesamtsystems bewertet. Ist der Prozeß unkritisch kann es statthaft sein diese Schranken zu überschreiten. In diesem Fall spricht man von "weicher Echtzeit". Ein weiches Realtime-System ist nur dann akzeptabel, wenn keine Gefahr für Mensch oder Maschine bei überschreiten der Zeitgrenzen entsteht." [WOL97]

Das Einhalten von weichen Echtzeitbedingungen stellt für heutige Betriebssysteme in der Regel keine größeren Probleme dar, da sie Mutlitasking unterstützen und der Betriebssystemkern sicherstellt, daß alle Prozesse sequentiell Rechenzeit zur Verfügung gestellt bekommen.
Neben dem Einhalten von Zeitschranken und dem reproduzierbaren, deterministischen Zeitverhalten von "harten" Echtzeitsystemen, spielen die folgenden Punkte eine Rolle bei den Anforderungen an ein Echtzeitbetriebssystem. [WAR91]

1. Echtzeitsysteme weisen oft Geräte auf, die als Sinne des Systems arbeiten (Sensoren). Sie reagieren auf einen kontinuierlichen Strom relativ unstrukturierter Daten.

2. Echtzeitsysteme verändern ihre Umgebung kontinuierlich und die Ausgabe überlappt sich häufig mit den kontinuierlichen Daten der Senso-

ren. Diese Wirkungsweise ist vergleichbar mit der Augen-Hand-Koordination des Menschen.

3. Fast alle Echtzeitsysteme setzen parallele Verarbeitung voraus, da sie ihre Daten aus mehreren Quellen beziehen und ihre Umgebung unter Umständen verschieden verändern.

Aus diesen Punkten lassen sich erste Anforderungen an ein Echtzeitbetriebssystem ableiten.

- Da die PC-Hardware nicht in der Lage ist analoge Daten der Sensoren aufzunehmen, muß das Betriebssystem die Verwendung zusätzlicher Peripherie unterstützen.

- Um eine parallele Verarbeitung von Prozessen zu ermöglichen, unterstütz das RT-Betriebssystem:

  - Taskverwaltung,
  - Synchronisation und Interprozeßkommunikation,
  - Zeitdienste,
  - und Hauptspeicherverwaltung.

Die Grundvoraussetzungen für ein deterministisches Zeitverhalten und das Einhalten von Zeitschranken sind

- prioritätsgesteuerte Prozessorzuteilung

- der Betriebssystemkern ist unterbrechbar

- ein möglichst schnelles reagieren auf externe Ereignisse (Interrupts)

- Ein-/Ausgabeoperationen können asynchron stattfinden

Die Forderung nach einer möglichst hohen Verarbeitungsgeschwindigkeit muß ein Echtzeitbetriebssystem nicht zwingend erfüllen, wenn es sich um weniger komplexe Aufgaben handelt und das Zeitraster nicht sehr klein ist (> 500 Mikrosekunden).
Eine wünschenswerte Eigenschaft eines Echtzeitbetriebssystemes ist, daß es die notwendigen Tools zur Softwareentwicklung, wie Editor, Kompiler und Tools zur Projektverwaltung mitbringt, da hierdurch die Entwicklungszeit (keine Unterscheidung zwischen Entwicklungs- und Zielsystem) verkürzt wird.

## 2.2 Anwendungen

In der Vergangenheit kamen Echtzeitsysteme überwiegend im industriellen Umfeld zum Einsatz. Durch die große Verbreitung und Akzeptanz der PC Systeme im privaten Umfeld, verbunden mit den ständig sinkenden Preisen und steigender Leistungsfähigkeit, sowie durch die immer komplexer werdende Software, hält *Echtzeit* auch hier Einzug. Heutige Anwendungsgebiete für Echtzeitsysteme sind:

- industrielle Prozeßsteuerungen

- Automatisierungstechnik

- Prozeßdatenverarbeitung

- Robotik

- multimediale Anwendungen wie Audio- und Videoübertragungen

- Anwendungen in der „PC-Spiele-Industrie"

Eine besondere Bedeutung bekommen hier multimediale Anwendungen, die sowohl industriell wie privat eingesetzt werden und einen Markt der Zukunft darstellen. Nicht zuletzt ausgelöst durch den „boom" des Internet und seiner Anwendungen in der Mitte der 90er Jahre.

Bislang wurde in industriellen Echtzeitsystemen, wegen der fehlenden Echtzeitfähigkeit kein Unix eingesetzt. Man setzte auf spezielle Lösungen, die meist keinem Standard folgen und so die Durchgängigkeit des Gesamtsystems behinderten. Hier kommt besonders die fehlende Netzwerkanbindung, solcher Systeme zum tragen. Ein weiteres Problem ist, daß die Entwicklung der Echtzeitanwendung meist nicht auf der Zielplattform erfolgt, was die Entwicklungskosten unnötig steigert. Mit dem Einsatz eines echtzeitfähigen Unix wären diese Nachteile alle behoben. Einen Überblick über existierende Echtzeitsystem, die unter dem RT-Linux realisiert wurden zeigt die folgende Referenzliste des RTLinux-Projektes.

- OSB, NASA[1]

    - SRA, „The Scanning Radar Altimeter
      Wetterforschung, Analyse von Hurricans aus Flugzeugen.

    - The Airborne Oceanographic Lidar
      Klimaforschung, Aufzeichnen von Plankton Bewegungen in den Weltmeeren.

- Enhanced Maschine Controller Projekt[2]
  Steuerung von Meßsystemen, Robotern und Maschinen in Echtzeit.

---

[1] http://www.aol11.wff.nasa.gov/~rtlinux
[2] http://www.isd.cme.nist.gov/projects/emc/emcsoft.html

- WASP, **W**ideband **A**utocorrelating **SP**ectrometer[3]
  Astronomie, Steuerung eines Spektrometer mit RTLinux.

- The LINUX LAB Project[4]
  Verschiedene Projekte rund um LINUX und RTLinux.

- Visualisierungssoftware für Echtzeit-Meßsysteme[5]

---

[3] http://www.astro.umd.edu/ teuben/wasp/
[4] http://www.llp.fu-berlin.de
[5] http://www.cardidyn.med.cornell.edu/ dchristi/software/instruments.html

# Kapitel 3

# Das Betriebssystem Linux

## 3.1 Allgemeines

LINUX ist ein 32-Bit-Betriebssystem, welches von dem finnischen Informatikstudenten Linus Torvalds (von ihm stammt die Idee eines frei verfügbaren Betriebssystems) begonnen wurde und von einer ständig wachsenden Fangemeinde weltweit weiter entwickelt und getestet wird. Die erste Version des Kernel[1], dem eigentlichen Teil des Betriebssystems, wurde von Linus Torvalds 1991 über das Internet verbreitet. Damit jeder das Recht hat, das neue System zu nutzen und die Kernelquellen zu modifizieren, stellt er alles unter die Lizensbestimmungen der GPL[2].

LINUX ist POSIX[3] konform und weite Teile seiner Funktionalität entsprechen der von UNIX System V und FreeBSD[4]. Neben der Unterstützung für Intel und kompatible i386-Systeme existieren Implementierungen für folgende Architekturen:

- SPARC Workstations

- Digital-Alpha

- PowerPC

- Amiga, Atari

- Intel und SPARC Mehrprozessor Systeme

- und verschiedene Mikroprozessoren

Heute wird der aktuelle Kernel mit einer Unmenge an Werkzeugen zur Systemverwaltung, diverser Server wie File-, Http-Server und Datenbankserver

---

[1] Verzeichnisbaum aller Programmquellen, Makefiles und Dokumentation
[2] GNU Public License
[3] POSIX-1003.1-Standard
[4] freies Unix der „University of California at Berkeley"

sowie verschiedene Programm(-pakete) zur Softwareentwicklung als Distributionen über das Internet, den Buchhandel und Computerzeitschriften zur Verfügung gestellt. Die meisten dieser Anwendungen stehen ebenfalls unter der GPL, es gibt aber auch Share- und Freeware. Auch kommerzielle Softwareanbieter haben den wachsenden Linuxmarkt erkannt und bieten ihre Produkte wie Lotus Notes, SAP R3 oder IBMs DB/2 für Linux basierende Systeme an.

## 3.2  Der Linux Kern

Zu den wesentlichsten Eigenschaften des Kernel gehören echtes präemptives Multitasking, Multiuserfunktionalität, Multiprozessing, Paging; im Gegensatz zum Swapping werden Speicherbereiche einer festen Größe auf Festplatte ausgelagert, dynamischer Cache für Festplatten (die Cachegröße wird an die Speicherauslastung angepaßt), Shared Libraries und Speicherschutz auf Basis der prozessoreigenen Schutzmechanismen. Erwähnt seien hier noch die Möglichkeiten, verschiedene Dateisysteme[5] und Formate von ausführbaren Dateien[6] zu nutzen.

### Installation der Kernelquellen

Nach dem Download[7] des Kernelpaketes muß dieses entpackt, installiert, konfiguriert und kompiliert werden.

1. `# cp linux-2.0.36.tar.gz /usr/src`

   Kopiert den gepackten Kernelcode ins Wurzelverzeichnis des Sourcecodes

2. `# cd /usr/src; tar -xzvf linux-2.0.36.tar.gz`

   Wechseln ins Sourcecodewurzelverzeichnis und entpacken der Kernelquellen

3. `# ln -s /usr/src/linux/include/linux /usr/include/linux`
   `# ln -s /usr/src/linux/include/asm-i386 /usr/include/asm`

   Erzeugen der benötigten Links zu den Kernelheaderdateien

Der entpackte Kernel-Sourcecode ist in der folgenden Verzeichnisstruktur zu finden. Alle weiteren Verzeichnisangaben beziehen sich, wenn nicht anders angegeben, auf /usr/src/linux.

---

[5] Ext2, Fat16, NTFS, Minix, NFS etc.
[6] iBCS2 Kernelbasiert und verschiedene Emulatoren
[7] ftp:\\sunsite.unc.edu/pub/Linux/kernel/v2

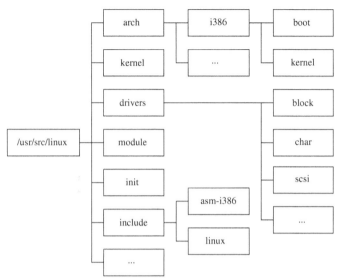

Verzeichnisstruktur des Kernelsourcecode

Nach dem installieren der Quellen führen die folgenden Schritte zu einem bootfähigen Kernel:

1. # cd /usr/src/linux; make config

   Konfiguration der Kernelquellen

2. # make clean; make dep

   Löschen alter Objektdateien und erstellen der Abhängigkeiten für die Makefiles

3. # make zImage

   Kompilieren des Kernel,
   das Ergebnis ist unter arch/i386/boot/zImage zu finden

4. # make modules

   Kompilieren der Kernelmodule

5. # make modules_install

   Installieren der generierten Module unter /lib/modules/2.0.36/

Der wichtigste Schritt hierbei, ist das Konfigurieren des Kernel. Neben der sequentiellen Konfiguration **# make config** gibt es jeweils eine menugeführte für die Konsole **# make menuconfig** und das X-Window-System **# make xconfig**. Mit den verschiedenen Einstellungen wird festgelegt, welchen Prozessor man verwendet, welche Peripherie unterstützt werden soll und die Verwendung unterschiedlichster Dateiformate z.B ISO9660 für den Zugriff auf CD-ROM. Ebenso aktiviert man hier Kernelfeatures wie den Software-RAID oder das „masqueraden" von IP-Paketen und legt fest, welche Teile als Modul kompiliert werden sollen. Eine detailierte Beschreibung aller Einstellungen findet man in der Kernel-Dokumentation[8].

### Datenstrukturen und Algorithmen des Kernel

Eine zentrale Rolle in Multitaskingsystemen spielt die Prozeßverwaltung. Unter LINUX ist ein Prozeß ein Task und seine Eigenschaften werden in der Struktur **task_struct** zentral gespeichert.

**struct task_struct**
**{**
    **volatile long state;**
**state** speichert den aktuellen Zustand des Task. Ist der Task gerade aktiv hat **state** den Wert **TASK_RUNNING**, wartet der Task, hat **state** den Wert **TASK_INTERRUPTIBLE** oder **TASK_UNINTERRUPTIBLE**. **TASK_STOPPED** zeigt an, daß der Task durch ein Signal gestoppt wurde. Weitere mögliche Zustände eines Task sind **TASK_ZOMBIE** und **TASK_SWAPPING**.
    **long counter;**
    **long priority;**
**counter** enthält die Anzahl, „Ticks"[9], die der Prozeß noch den Prozessor belegen darf, bevor der Scheduler den Prozessor neu vergibt. Mit Hilfe der **priority** berechnet der Scheduler einen neuen Wert für **counter**.
    **int errno;**
**errno** enthält den Fehlercode des letzten Systemcalls auf diesen Task. Nach Beendigung des Systemcalls wird **errno** in die globale Fehlervariable errno kopiert und kann ausgewertet werden.
    **struct task_struct *next_task;**
    **struct task_struct *prev_task;**
Diese beiden Variablen stellen eine doppelt verkettet Liste dar, in der alle existierenden Prozesse zu finden sind. Der Anfang und das Ende der Liste ist in der globalen Variable **init_task** festgehalten.
    **struct task_struct *next_run;**
    **struct task_struct *prev_run;**

---

[8] Documentation/Configure.help
[9] 1 Tick = 10ms

In dieser doppelt verketteten Liste sind alle Task eingetragen, welche Prozessorzeit benötigen. Der Scheduler benutzt diese Liste, um den nächsten Prozeß zu aktivieren.

    struct mm_struct *mm

enthält alle Daten, die die Speicherverwaltung der Task betreffen.

    int pid, pgrp;

Jeder Prozeß besitzt eine eindeutige Prozeßnummer **pid** und ist einer Prozeßgruppe **gid** zugeordnet. Die beiden Werte können mit Hilfe der Systemrufe *getpid ()* bzw. *getpgrp ()* abgefragt werden.

    unsigned short uid, gid;

**uid** und **gid** geben Auskunft über die Zugriffsrechte der Task, sie werden beim Erzeugen eines neuen Prozesses, durch den Systemruf *fork ()*, vom Elternprozeß vererbt.

    struct files_struct *files;

**files** enthält Informationen über die benutzten Dateien einer Task und referenziert die entsprechenden Dateien im Filesystem.

    long utime, stime, start_time;

**stime** enthält die Zeit, welche sich der Task im Systemmodus befunden hat, bzw. **utime** die Zeit im Nutzermodus. **start_time** enthält den Zeitpunkt zu dem der Task erzeugt wurde.

    struct sem_queue *semsleeping;
    struct sem_undo *semundo;

Für die, in Linux implementierte Interprozeßkommunikation notwendigen Informationen, sind in diesen beiden Strukturen gespeichert.

    }; /* struct task_struct */

Neben diesen Daten enthält die Struktur noch Informationen zur Prozesshierachie, Signalbehandlung, Warteschlangenbehandlung und SMP-Unterstützung[LSC, BEC97].

Die einzelnen Taskstrukturen werden in der Prozeßtabelle

    struct task_struct *task[NR_TASKS]

gesammelt, welche im Kernel statisch implementiert ist und Platz für NR_TASKS(512) Prozesse bietet.

Eine weitere Eigenschaft von Multitasksystemen ist, daß Prozesse voneinander abhängen können und deshalb auf das Eintreten von Bedingungen warten müssen. Dieses Warten ist in LINUX mit Hilfe der folgenden Struktur realisiert.

    struct wait_queue {
        struct task_struct *task;
        struct wait_queue *next;
    }; /* struct wait_queue */

Es handelt sich hierbei um eine einfach verkettete Liste, wobei jedes Element der Liste auf einen Task in der Prozeßtabelle zeigt. Den Zugriff auf

solch eine Warteschlange realisieren die Funktionen add_wait_queue () und
remove_wait_queue (). Ihre Prototypen entsprechen
void functionname (struct wait_queue **queue, struct wait_queue *entry);
queue bestimmt die zu verwendende Schlange; entry ist der neue bzw. zu
löschende Eintrag. Da neben dem Zugriff auf die Warteschlange noch weitere Änderungen durchzuführen sind, stellen die Funktionen sleep_on () und
wake_up () die endgültige Schnittstelle dar. Der Systemruf

> void sleep_on (struct wait_queue **p)
> {

erwartet als Parameter einen Zeiger auf eine Warteschlange, sichert den aktuellen Task in der Variable entry und setzt seinen Zustand state auf warten.

> struct wait_queue entry = {current, NULL};
> current→state = TASK_UNINTERRUPTIBLE;

Anschließend wird die oben erklärte Funktion add_wait_queue () aufgerufen
und der Prozessor freiwillig abgegeben, indem der Scheduler aktiviert wird.

> add_wait_queue (queue, &entry);
> schedule ();
> remove_wait_queue (queue, &entry);
> } /* sleep_on */

An die Codestelle nach dem Aufruf des Scheduler gelangt der Prozeß nur,
wenn sein Zustand TASK_RUNNING ist, er aus der Warteschlange befreit
wurde und der Scheduler ihm den Prozessor übergibt. Dieses „aufwecken"
übernimmt der Systemruf wake_up (), welcher die übergebene Warteschlange durchläuft und den Zustand aller darin befindlichen Task auf
TASK_RUNNING setzt. Bei der nächsten Prozessorvergabe des Scheduler
werden die befreiten Task wieder berücksichtigt.

> void wake_up (struct wait_queue **queue)
> {
>     struct wait_queue *p = *queue;
>     do
>         p→task→state = TASK_RUNNING;
>         p = p→next;
>     } while (p != *queue);
> } /* wake_up */

Mit Hilfe dieser Warteschlangen sind im Kernel auch Semaphoren (struct
semaphore[10]) implementiert. Neben einem Zeiger auf eine Warteschlange
gehört noch ein Zähler zu dieser Struktur. Ist der Zähler kleiner gleich Null
ist die Semaphore belegt und der Task reiht sich in die zugehörige War-

---

[10]include/asm-i386/semaphore.h

teschlange ein. Gibt der belegende Task die Semaphore frei, erhöht er den Zähler und aktiviert mit Hilfe des Systemrufs **wake_up** () alle auf die Semaphore wartenden Prozesse. Die Schnittstellen zum Belegen und Freigeben von Semaphoren stellen die Funktionen **down** () und **up** () zur Verfügung[11].

## 3.3 Das Treiberkonzept

### 3.3.1 Modularisierung des Kernel

Die ständige Weiterentwicklung des Linux Kernel und das hinzukommen neu unterstützter Hardware, läßt den Kernel[12] ständig wachsen. Hieraus resultieren einige Nachteile eines monolithischen Kernel.

1. unnötiges verbrauchen von Hauptspeicher

2. bei jeder Änderung der Kernelkonfiguration, ist eine neue Übersetzung notwendig

3. neuer Kernel bedeutet booten des Systems

Diese Nachteile werden durch die Modularisierung des Kernel behoben. Module sind nichts anderes als zur Laufzeit link- und entfernbarer Objektcode, der mindestens zwei Funktionen besitzt. Eine so zum Kern hinzugefügte „erweiterte" Funktionalität ist dem Kernel gleichberechtigt und läuft ebenfalls im Systemmodus. Im Gegensatz zu einer Microkernelarchitektur stellen Module keine eigenen Prozesse dar, sondern werden Bestandteil des Kerneltask. Ein entscheidender Vorteil für Systementwickler, ist die Tatsache das die Entwicklung von neuen Kernelfeatures erheblich verkürzt wird, da ein Übersetzen des kompletten Kernel und das Booten des Rechners entfällt.

```
# insmod raid0
# lsmod
Module          Pages               Used by
raid0           1                         0
ne2k-pci        1            1 (autoclean)
8390            2      [ne2k-pci] 0 (autoclean)
dummy0          1            1 (autoclean)
hisax           25                        3
isdn            18             [hisax] 4
# rmmod raid0
```
Anwendung der Systemtools zur Modulpflege

---
[11]kernel/sched.c
[12]arch/i386/boot/zImage

Seit Kernelversion 2.0.x ist es auch möglich, daß der Kernel einen Systemruf, welcher in Module-Code implementiert ist, erkennt und automatisch das
entsprechende Module nachläd bzw. auch entfernt (autoclean).
  Ein minimal Module das nichts tut zeigt der unten stehende Code, welcher durch den Kompileraufruf # cc -DMODULE -c test.c übersetzt wird.

```
#include <linux/module.h>

int init_module (void);
void cleanup_module (void);

int init_module ()
{
   return (0);
}

void cleanup_module ()
{
}
```

Wichtig bei der Module-Programmierung ist, das keine Funktionen der libc
benutzt werden können, da diese im Nutzermodus laufen und deshalb nicht
zur Verfügung stehen. Der Entwickler ist auf die implementierten Kernelroutinen, andere Module bzw. eigene Routinen beschränkt.
Im weiteren beziehe ich mich auf die Implementierung eines Zeichengerätetreibers und die dafür vorgesehenen Kernelroutinen. Für die Realisierung
von Blockgeräte- und Netzwerktreiber verweise ich auf [RUB98].

### 3.3.2  Die Treiber Schnittstellen

Jeder Gerätetreiber besitzt definierte Schnittstellen zu den benutzenden
Userprozessen, welche in der Struktur **struct file_operations** zusammengefaßt werden. Die einzelnen Elemente der Struktur referenzieren auf die zu-
gehörenden funktionalen Schnittstellen des jeweiligen Treibers.

```
static struct file_operations me300_fops = {
        NULL,           /* seek    */
        me300_read,     /* read    */
        me300_write,    /* write   */
        NULL,           /* readdir */
        NULL,           /* select  */
        me300_ioctl,    /* ioctl   */
        NULL,           /* mmap    */
        me300_open,     /* open    */
        me300_release   /* release */
};
```

Die Funktionen **read** () und **write** () dienen zum Datenaustausch über die zugehörige Gerätedatei im Verzeichnis /**dev**. **open** () und **release** () werden beim öffnen bzw. schließen der Gerätedatei ausgeführt und können für eine Anfangsinitialisierung des Treibers bzw. zum löschen von lokalen Daten benutzt werden. Unterstützt der Treiber den Zugriff von mehreren Userprozessen ist darauf zu achten, daß das Module erst entfernt wird, wenn keine Referenz mehr darauf besteht. Ein entsprechender Referenzzähler[13] kann ebenfalls in den Funktionen **open** () und **release** () gesetzt werden.

Der Systemcall **ioctl** () steuert interne Zustände des Treibers z.B ob ein **read** () blockierend ist oder nicht. Im Fall des Treibers für die digitale Meßkarte ME300 können über den Systemruf **ioctl** () die einzelnen Module (AD-, DA-Wandler, IO-Ports) der Karte selektiert und aktiviert werden.

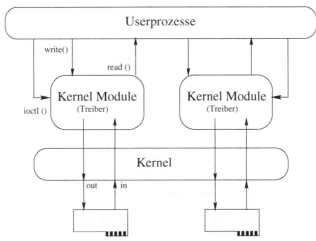

Verwendete Schnittstellen

Den vollständigen nicht echtzeitfähigen Treiberquellcode für die Meßkarte ME300 findet man im Anhang D.

```
#include <linux/module.h>
#include <linux/kernel.h>
#include <linux/fs.h>
#include <linux/ioport.h>
#include "me300.h"

#define ME300_MAJOR  127
```

---

[13]MOD_INC_USE_COUNT und MOD_DEC_USE_COUNT

```
#define ME300_NAME    "me300"
...

/* public prototype definitions */
...
int me300_ioctl (struct inode*, struct file*, unsigned int,
                 unsigned long);
int me300_read (struct inode*, struct file*, char*, int);
int me300_write (struct inode*, struct file*, const char*,
                 int);
int init_module (void);
void cleanup_module (void);

/* public functions */
...


int me300_ioctl (struct inode *inode, struct file *file,
                 unsigned int cmd, unsigned long arg)
{
```

Da der Zugriff auf einen Treiber über eine Gerätedatei im Verzeichnis /dev erfolgt, wird allen Schnittstellenfunktionen ein **inode** und ein **file** Eintrag übergeben, der die jeweilige Datei im Hauptspeicher bzw. Filesysteme repräsentiert. Jede Gerätedatei wird mit einer eindeutigen MAJOR Nummer, sie identifiziert das Gerät, und einer MINOR Nummer, sie bestimmt funktionale Einheiten des Gerätes, versehen.

```
# ls -l /dev/me300*
crw-r--r--  1 root   root 127,  0 Apr 30 16:54 /dev/me300
crw-r--r--  1 root   root 127,  1 Apr 30 16:54 /dev/me300_AD
crw-r--r--  1 root   root 127,  2 Apr 30 16:54 /dev/me300_DAA
crw-r--r--  1 root   root 127,  3 Apr 30 16:54 /dev/me300_DAB
...
```

Die einzelnen Kommandos, die in **ioctl** () realisiert werden sollen, werden mit Hilfe der Makros _IO(c,d), _IOW(c,d,t), _IOR(c,d,t) und _IOWR(c,d,t) kodiert[14] und mit _IOC_TYPE(cmd) und weiteren dekodiert.[BEC97]

```
    int retval = 0;

    if (_IOC_TYPE (cmd) != ME300_MAJOR)
    { /* unkown command for this device */
        ...
        return (ME300_E_FDI);
```

---

[14] vgl. me300.h

```
}
else
{ /* known command */
  switch (cmd)
  {
    case ME300_C_INIT:
      ...
      break;
    case ME300_C_ISR:
      ...
      break;
    case ME300_C_STOP_AD:
      ...
      break;
    ...
    default:
      return (ME300_E_UCMD);
      break;
  }; /* switch */
}; /* else */
return (retval);
} /* me300_ioctl */

int me300_read (struct inode *inode, struct file *file,
            char *buf, int cnt)
{
  unsigned int value;
  int retval = sizeof (value);
```

Je nach MINOR Nummer der Gerätedatei, sie ist in der **inode** gespeichert und wird mit Hilfe des Makros **MINOR** bestimmt, wird hier in die jeweilige Einheit des Treibers verzweigt.

```
  switch (MINOR (inode->i_rdev))
  {
    /* read digital port a */
    case ME300_MINOR_IOA:
      value = inb (me300_base + ME300_DIGITALA);
```

Zum Datenaustausch zwischen Kerneltask und Userprozessen dienen die Makros **put_user** und **get_user**, mit ihnen können Daten der Größen 1, 2, 4 und 8 Byte kopiert werden, sowie die Funktionen **memcpy_tofs** () und **memcpy_fromfs** () zum kopieren beliebig vieler Bytes.

```
      put_user (value, buf);
```

```
      break;
    case ME300_MINOR_FIFO:
      ...
      break;
    ...
    default:
      /* unkown minor number */
      return (ME300_E_FDI);
      break;
  }; /* switch */
  return (0);
} /* me300_read */

int me300_write (struct inode *inode, struct file *file,
                 const char *buf, int cnt)
{
  int retval = 0;

  switch (MINOR (inode->i_rdev))
  {
    case ME300_MINOR_IOA:
      if (me300_porta_dir)
      {
        retval = ME300_E_NOUTPUT;
        break;
      };
      value = (unsigned char) get_user (buf);
```

Die Kernel-Hardware-Schnittstelle stellen die Funktionen **inb** () und **outb** ()
zur Verfügung. Mit ihnen ist es möglich Daten mit dem IO-Speicher des
Gerätes auszutauschen. Neben der Implementierung für den Transfer von 1
Byte stehen für 2 und 4 Byte entsprechende Funktionen bereit (**outw, outl,
inw** und **inl**).

```
      outb (value, me300_base + ME300_DIGITALA);
      ...
      break;
    case ...
  }; /* switch */
  return (retval);
} /* me300_write */

int init_module ()
{
  int result;
```

Wie schon erwähnt spielt die MAJOR Nummer eine entscheidende Rolle bei
der Identifizierung eines Treibers. Deshalb ist es auch notwendig, daß ein
Treiber und seine Schnittstellen beim System angemeldet werden.

```
if ((result = register_chrdev (ME300_MAJOR,
                               ME300_NAME,
                               &me300_fops)) < 0)
{ /* warning can't get major number */
  ...
  return (result);
};
```

Um die IO-Register einer Hardwareerweiterung nutzen zu können, müssen
diese zuvor in den vom Betriebssystem verwalteten Speicher „gemappt" werden. Hierzu dienen die Funktionen **check_region** () und **request_region** ().
**check_region** überprüft, ob der Speicherbereich eventuell schon vergeben ist,
bzw. bindet **request_region** die Register in die Speicherstruktur ein.

```
if (( result = check_region (me300_base,
                             me300_size)) < 0)
{ /* warning memory in use */
  unregister_chrdev (ME300_MAJOR, ME300_NAME);
  ...
  return (result);
};

request_region (me300_base, me300_size, ME300_NAME);
...
register_symtab (&me300_syms)
return (0);
} /* init_module */

void cleanup_module ()
{
  int result;

  if ((unregister_chrdev (ME300_MAJOR,
                          ME300_NAME)) < 0)
  { /* warning can't unregister major number */
    ...
    return (result);
  };
  release_region (me300_base, me300_size);
  return;
} /* cleanup_module */
```

## 3.4   Der Treiber – me300RT

Um die einfache Erweiterung des LINUX Kernel zu zeigen, und die erarbeiteten Ergebnisse darzustellen, entwickelte ich im Laufe meiner Arbeit einen Meßkartentreiber, welcher zur Benutzung mit der Echtzeiterweiterung gedacht ist. Bei der benutzten Meßkarte handelt es sich um die digitale IO-Karte ME300 aus dem Hause Meilhaus, welche die folgenden Features besitzt:

1. 24 digital IO-Leitungen

2. 16 analog-digital Wandler

3. 4 digital-analog Wandler

4. 3 Timer

5. Interruptleitung und ein 512Byte großer Fifo-Speicher zum Datenaustausch.

Da pro Samplezyklus verschiedene A/D-Kanäle unterschiedlicher Priorität und Verstärkung gewandelt werden können, ist es notwendig, den Samplezyklus in einer eigens dafür vorhandenen Liste (256 Einträge) anzugeben.

```
#include <linux/kernel.h>
#include <linux/module.h>
#include <linux/fs.h>
#include <linux/ioport.h>
#include <asm/io.h>
#include "me300RT.h"

#define KINFO KERN_INFO "me300RT: "
#define KWARN KERN_WARNING "me300RT: "

#define ME300RT_SELECT_TIMER0 0x34
#define ME300RT_SELECT_TIMER1 0x74
#define ME300RT_SELECT_TIMER2 0xb4

/* public data */
/* IRQ of me300 */
unsigned int me300RT_irq = 0x0b;

/* Baseadress and Size of IO-Memory */
unsigned int me300RT_base  = 0x700;
unsigned int me300RT_size  = 0x020;

/* public prototypes definition */
```

```
void me300RT_Init (void);
void me300RT_RDummy (unsigned char);
void me300RT_SetControl (unsigned char, unsigned char,
  unsigned char);
void me300RT_LoadTimer (unsigned int, unsigned char);
void me300RT_LoadChannelList (unsigned char);
void me300RT_ClearFifo (void);

/* privat data */
static unsigned char me300RT_control [1];

/* privat prototypes definition */
static void me300RT_SetClearBit (unsigned char,
  unsigned char);
static void me300RT_WaitWriteReady (void);
```

Die folgenden zwei Funktionen besitzt jede Kernelerweiterung, welche als
Modul implementiert ist. Sie übernehmen das kernelseitige Laden und Entfernen des Modulcodes.

```
int init_module (void);
void cleanup_module (void);

/* public functions */
void me300RT_Init ()
{
  me300RT_control [0] = 0;
  me300RT_control [1] = 0;

  /* stop all work on board */
  me300RT_SetControl (0x00, ME300RT_CONTROL1, 0);
  me300RT_SetControl (0x00, ME300RT_CONTROL2, 0);
  /* reset interrupt control */
  me300RT_RDummy (ME300RT_RESETINT);
  /* reset da module */
  me300RT_SetClearBit (ME300RT_DA_RESET, ME300RT_CONTROL2);
  /* reset ad state */
  me300RT_SetClearBit (ME300RT_AD_STATE, ME300RT_CONTROL2);
  /* clear fifo */
  me300RT_SetClearBit (ME300RT_CLEAR_FIFO, ME300RT_CONTROL2);

  #ifdef DEBUGSTAT
    printk (KINFO "board initialization ok\n");
  #endif
  return;
```

```
} /* me300RT_Init */
```

Durch das Lesen bestimmter Register der Meßkarte, deren Werte nicht von
Bedeutung[15] sind, lassen sich Aktionen wie das Starten einer A/D-Wandlung
auslösen.

```
void me300RT_RDummy (unsigned char reg)
{
  inb (me300RT_base + reg);
  #ifdef DEBUGSCAN
    printk (KINFO "read dummy from register 0x%04x\n",
            me300RT_base + reg);
  #endif
  return;
} /* me300RT_ReadDummy */

void me300RT_SetControl (unsigned char bit,
                         unsigned char reg,
                         unsigned char value)
{
  if ((reg == ME300RT_CONTROL1) || (reg == ME300RT_CONTROL2))
    {
    if (value)
      {
        me300RT_control [reg - 1] |= bit;
      }
    else
      {
        me300RT_control [reg - 1] &= ~bit;
      };
    outb (me300RT_control [reg - 1], me300RT_base + reg);
    #ifdef DEBUGSCAN
      printk (KINFO
              "write value 0x%02x into register 0x%04x\n",
              me300RT_control [reg - 1], me300RT_base + reg);
    #endif
    }
  else
  {
    printk (KWARN "no control register\n");
  };
  return;
} /* me300RT_SetControl */
```

---

[15] Sie dienen „nur" dem schreibenden Zugriff.

```
void me300RT_LoadTimer (unsigned int value,
                        unsigned char timer)
{
  unsigned char byte;

  switch (timer)
  {
    case ME300RT_TIMER0:
      outb (ME300RT_SELECT_TIMER0,
            me300RT_base + ME300RT_TIMERCTL);
      #ifdef DEBUGSCAN
        printk (KINFO
                "write value 0x%02x into register 0x%04x\n",
                ME300RT_SELECT_TIMER0,
                me300RT_base + ME300RT_TIMERCTL);
      #endif
      break;
    case ME300RT_TIMER1:
      outb (ME300RT_SELECT_TIMER1,
            me300RT_base + ME300RT_TIMERCTL);
      #ifdef DEBUGSCAN
        printk (KINFO
                "write value 0x%02x into register 0x%04x\n",
                ME300RT_SELECT_TIMER1,
                me300RT_base + ME300RT_TIMERCTL);
      #endif
      break;
    case ME300RT_TIMER2:
      outb (ME300RT_SELECT_TIMER2,
            me300RT_base + ME300RT_TIMERCTL);
      #ifdef DEBUGSCAN
        printk (KINFO
                "write value 0x%02x into register 0x%04x\n",
                ME300RT_SELECT_TIMER2,
                me300RT_base + ME300RT_TIMERCTL);
      #endif
    break;
    default:
      return;
      break;
  };
```

Da es sich bei den Timern um 16-bit-breite Zähler handelt, die entsprechenden Register zum Laden eines Timerwertes aber nur 1 Byte aufnehmen, sind
zwei Zugriffe auf das Register notwendig.

```
  /* write low byte of timer value */
  byte = value;
  outb (byte, me300RT_base + timer);
  #ifdef DEBUGSCAN
    printk (KINFO "write value 0x%02x into register 0x%04x\n",
            byte, me300RT_base + timer);
  #endif

  /* write high byte of timer value */
  byte = (value >> 8);
  outb (byte, me300RT_base + timer);
  #ifdef DEBUGSCAN
    printk (KINFO "write value 0x%02x into register 0x%04x\n",
            byte, me300RT_base + timer);
  #endif
  return;
} /* me300RT_LoadTimer */

void me300RT_LoadChannelList (unsigned char entry)
{
  outb (entry, me300RT_base + ME300RT_CHANNELLIST);
  #ifdef DEBUGSCAN
    printk (KINFO "write value 0x%02x into register 0x%04x\n",
            entry, me300RT_base + ME300RT_CHANNELLIST);
  #endif
  me300RT_WaitWriteReady ();
  return;
} /* me300RT_LoadChannelList */

void me300RT_ClearFifo ()
{
  me300RT_SetClearBit (ME300RT_CLEAR_FIFO, ME300RT_CONTROL2);
  return;
} /* me300RT_ClearFifo */

/* privat functions */
static void me300RT_SetClearBit (unsigned char bit,
                                 unsigned char reg)
{
  me300RT_SetControl (bit, reg, 1);
```

```
  me300RT_SetControl (bit, reg, 0);
  return;
} /* me300RT_SetClearBit */

static void me300RT_WaitWriteReady ()
{
  while (inb (me300RT_base + ME300RT_STATUS) &
         ME300RT_WRITE_READY);
  return;
} /* me300_WaitWriteReady */
```

Um aus aufbauenden Modulen, die hier implementierte Funktionalität nutzen zu können, ist ein Exportieren der entsprechenden Funktionen und Variablen notwendig. Mit exportieren sind hier neue Einträge in der Kernelsymboltabelle gemeint, welche von dem hier benutzen X-Makro realisiert werden.

```
/* table with exported symbols */
static struct symbol_table me300RT_syms = {
#include <linux/symtab_begin.h>
    X (me300RT_base),
    X (me300RT_irq),
    X (me300RT_Init),
    X (me300RT_RDummy),
    X (me300RT_SetControl),
    X (me300RT_LoadTimer),
    X (me300RT_LoadChannelList),
    X (me300RT_ClearFifo),
#include <linux/symtab_end.h>
};
```

Da hier auch Variablen exportiert werden, ist es möglich, mit dem Laden des Moduls, dieses auch zu konfigurieren. Wird die Meßkarte mit einem anderen Interrupt betrieben, so kann dies mit folgendem Befehl bekannt gemacht werden:

```
# insmod me300RT me300RT_irq=0x0c
```

Wie schon erwähnt, übernehmen die Funktionen init_module und cleanup_module das kernelseitige Laden des Modulcodes. Da dies nur einmal benutzt wird, ist hier die richtige Stelle um eine Initialisierung der Karte vorzunehmen, sowie Hardwareeigenschaften der Karte dem System bekannt zu machen.

```
int init_module ()
{
```

```
int result;

/* check io memory */
if ((result = check_region (me300RT_base,
                           me300RT_size)) < 0)
{
  printk (KWARN "iomemory 0x%03x - 0x%03x in use\n",
          me300RT_base, me300RT_base + me300RT_size - 1);
  return (result);
};

/* register io memory */
request_region (me300RT_base, me300RT_size, "me300RT");
#ifdef DEBUGSTAT
  printk (KINFO "register iomemory 0x%03x - 0x%03x ok\n",
          me300RT_base, me300RT_base + me300RT_size - 1);
#endif

/* register symbol table */
register_symtab (&me300RT_syms);
#ifdef DEBUGSTAT
  printk (KINFO "register symbol table\n");
  printk (KINFO "module loaded\n");
#endif

return (0);
} /* init_module */

void cleanup_module ()
{
  release_region (me300RT_base, me300RT_size);
  #ifdef DEBUGSTAT
    printk (KINFO "unregister iomemory 0x%03x - 0x%03x\n",
            me300RT_base, me300RT_base + me300RT_size - 1);
    printk (KINFO "module unloaded\n");
  #endif
  return;
} /* cleanup_module */
```

Die Implementierung einer Interruptserviceroutine und Userschnittstellen ist
hier noch nicht notwendig, da die Funktionalität der ISR[16] von der jeweiligen Echtzeitanwendung abhängt. Wie wir noch sehen werden ist eine User-
schnittstelle mit Hilfe der Systemrufe ioctl, read und write nicht möglich.

---

[16] Interrupt-Service-Routine

# Kapitel 4

# Die Echtzeiterweiterung des RTLinux

## 4.1 Architektur

Da LINUX als Multitask-/Multiuserbetriebssystem entwickelt wurde, stand bei der Vergabe von Rechenzeit eine möglichst gerechte Verteilung auf alle Prozesse im Vordergrund. Aufgrund dieser Tatsache ist der Linux-Kernel nur für „weiche" Echtzeitanforderungen geeignet, da hier das Einhalten von Zeitpunkten statisch definiert ist. Ein weiterer Punkt der gegen ein deterministisches Zeitverhalten des Kernel spricht, ist die Eigenschaft, daß Interrupts an beliebigen Stellen des Kernel unterdrückt werden können und so nicht genau bestimmt werden kann, wann die zugehörigen Interruptserviceroutinen ausgeführt werden.

Diese „Nachteile" werden mit dem Realtime-Linux-Kernel (RTKernel) dadurch aufgehoben, daß die Kontrolle der Ressourcen (Interrupts, Prozessorzeit, ...) bei ihm liegt, und der Linuxkernel als Idletask des RTKernel läuft und dementsprechend nur Rechenzeit „verbraucht", wenn diese auch übrig ist.

Linux Kernelarchitektur

Die beiden Abbildungen zeigen noch einmal die Unterschiede der beiden Kernelarchitekturen.

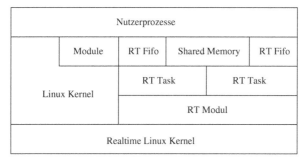

Realtime Kernelarchitektur

## 4.2  Installation

Die Echtzeiterweiterung für LINUX teilt sich in zwei Bereiche. Zum einen
sind Änderungen direkt am Kernelcode notwendig, zum anderen stellt die
Erweiterung mehrere Module zur Verfügung, die zur Laufzeit zum Kernel
hinzugefügt werden können. Die Änderungen lassen sich mit Hilfe des im
RTLinux-Paket enthaltenen Kernelpatches einfach durchführen. Die folgenden Schritte sind für eine saubere Installation notwendig:

1. `# cp RTLinux1.1.tar.gz /usr/src ; cd /usr/src`
   `# tar -xzvf RTLinux1.1.tar.gz`

   entpacken des Paketes im Sourcecodeverzeichnis

2. ins Verzeichnis /usr/src/rtlinux wechseln und eine Original Kernel Version 2.0.36 entpacken. vgl. Seite 8

3. `# cd /usr/src/rtlinux/linux`
   `# patch -p1 < ../kernel_patch`

   In das neu angelegte Kernel-Sourcecode-Verzeichnis wechseln und den
   Patch starten.

4. Jetzt kann der neue Kernelcode konfiguriert und kompiliert werden.
   Siehe Seite 9

5. `# cd /usr/src/rtlinux/rtl`
   `# make`

   erzeugen der Realtime Module.

Jetzt kann der neue, mit Echtzeitfunktionalität versehene Kernel mit Hilfe
des LILO[1], neben dem nicht echtzeitfähigen Kernel, zur Verfügung gestellt

---

[1]**LIUNX LO**ader

werden. Beim arbeiten mit mehreren Sourcecode-Verzeichnissen ist darauf zu achten, daß die beiden Links[2] auf die jeweiligen Headerdateien verweisen.

## 4.3  Task – Synchronisation

Nach dem patchen des Kernel stellt dieser eine Reihe von neuen Funktionen zur Verfügung, mit deren Hilfe es möglich ist sporadische Echtzeit-Prozesse zu erzeugen. Sie stellen die Interruptserviceroutinen dar, welche vom RT-Kernel beim eintreffen eines Interrupts gestartet werden. Alle eingetroffenen Interrupts werden im Anschluß an den Linux Kernel weitergeleitet, so daß eine Anpassung von Treibern, welche unter dem Linux Kernel laufen, nicht notwendig ist.

Die beiden Funktionen **request_RTirq** und **free_RTirq** dienen zum an- und abmelden einer Echtzeit-Interruptserviceroutine bei einem der 16 möglichen Interrupts der i386-Architektur.

> int request_RTirq (unsigned int *irq*, void (*handler)(void));
> int free_RTirq (unsigned int *irq*);

Alle so angemeldeten RT-Prozesse laufen mit der gleichen höchsten Priorität des Systems.

Da die Zeitmessung des Linux Kernel (10ms) für Echtzeitanwendungen zu ungenau ist, wurde der RTKernel auch hier erweitert. Die kleinste meßbare Zeiteinheit ist ein Tick[3] und entspricht dem 1193180 Teil einer Sekunde. Diese Zeitmessung ist mit Hilfe des Timerinterrupts implementiert und ist somit von der Rechnerarchitektur anhängig. Der folgende Systemruf liefert die vergangenen Ticks seit dem Systemstart:

> RTIME rt_get_time (void);

Der Type RTIME ist ein vorzeichenbehafteter 64-Bit Integer, so daß mit einem Variablenüberlauf während der Systemlaufzeit nicht zu rechnen ist.

## 4.4  Realtime Scheduler – rt_sched.o

Neben den Echtzeit-Interruptserviceroutinen stellt der RTKernel noch eine weitere Art von Realtime-Task, den zyklischen, zur Verfügung. Um solch einen Task nutzen zu können, muß dieser unter Angabe eines Zeigers (**fn**), welcher auf die Funktion des RT-Task referenziert, seiner Stackgröße und seiner Priorität beim System angemeldet werden. Da die höchste Priorität (0) für die Interruptserviceroutinen reserviert ist, können Prioritäten von 1

---

[2]s. Seite 8
[3]1 Tick = 838ns

bis RT_LOWEST_PRIORITY[4] vergeben werden.

> int rt_task_init (RT_TASK *task*, void (*fn*)(int data),
>     int *data*, int *stack_size*, int *priority*);

Zum Abmelden und Entfernen aller benutzten Datenstrukturen eines RT-Task dient die folgende Funktion, welche als Parameter einen Eintrag aus der Prozeßtabelle des RTKernel erwartet.

> int rt_task_delete (RT_TASK *task*);

Gestartet und zur periodischen Ausführung markiert, wird der zuvor initialisierte Task mit Hilfe des Systemcall rt_task_make_periodic.

> int rt_task_make_periodic (RT_TASK *task*,
>     RTIME *start_time*, RTIME *periode*);

Wie solch ein Task in 500ms startet und eine Periode von 250ms besitzt zeigt das unten stehende Codesegment.

```
#define delay250ms (RT_TICKS_PER_SEC / 100) * 2.5
#define delay500ms (RT_TICKS_PER_SEC / 100) * 5

rt_task_make_periodic (&rttask,
                       rt_get_time + delay500ms,
                       delay250ms);
```

Soll sich ein gerade aktiver, periodischer Task bis zum Beginn der nächsten Periode schlafen legen, so ist

> int rt_task_wait (void);

zu verwenden.

Zur Steuerung von RT-Task, die weder durch Interrupts noch periodisch kontrolliert werden, stehen die Systemrufe rt_task_suspend und rt_task_wakeup bereit. Sie ändern lediglich den Zustand des Task auf RT_TASK_DORMANT bzw. RT_TASK_READY und rufen anschließend den Scheduler auf.

> int rt_task_suspend (RT_TASK *task*);
> int rt_task_wakeup (RT_TASK *task*);

Die Funktion rt_task_suspend kann auch dazu benutzt werden, einen periodischen Task zu stoppen.

Die Verwendung des Koprozessors zur Floating Point Arithmetik muß vom Realtime Task zuvor beim System angemeldet werden, um den exklusiven

---

[4]Priorität des Idle-Task (Linux Kernel)

Zugriff zu sichern. Der Parameter **allow**=0 (default) bedeutet hierbei keinen
Zugriff auf die FPU. Da bei einem Entzug der FPU ihr Zustand im benutzenden RT-Task gesichert wird, ist die Verwendung des Koprozessors aus
mehreren Task möglich.

> int rt_use_fp (int *allow*);

## 4.5  Realtime FIFO's – rt_fifos.o

Wie die Abbildung „Realtime Kernelarchitektur" auf Seite 28 zeigt, ist eine direkte Kommunikation von Nutzerprozessen mit Realtime Task nicht
möglich. Es stehen aber sogenannte RT-Fifos zur Verfügung mit denen ein
Datenaustausch nichts mehr im Wege steht. Aus der Sicht eines Userprozesses sind RT-Fifos nichts anderes als ein Character-Device, auf das synchron,
asynchron oder zeitgesteuert zugegriffen werden kann. Da RT-Tasks durch
die Kommunikation mit Userprozessen nicht blockiert werden dürfen, ist für
den lesenden Zugriff auf ein Fifo eine ereignisorientierte Benachrichtigung
des RT-Task implementiert.

> rtf_create (unsigned int *fifo*, int *size*);
> rtf_destroy (unsigned int *fifo*);
> rtf_resize (unsigned int *minor*, int *size*);
> rtf_create_handler (unsigned int *fifo*, int (*handler)(unsigned int *fifo*);
> rtf_put (unsigned int *fifo*, void *\*buf*);
> rtf_get (unsigned int *fifo*, void *\*buf*, int *size*);

Um die Funktionsweise der bis hier vorgestellten Erweiterungen zu zeigen
dient das folgende Echtzeitmodul. Es besteht aus 2 RT-Fifos, die zum Aus-
tausch von Daten bzw. zur Steuerung der Echtzeitprozesse dienen. Sowie
mehreren periodischen Echtzeitprozessen, die ihre Periodendauer bestimmen und über das Datenfifo an einen Userprozeß übermitteln.

```
#include <linux/module.h>
#include <linux/kernel.h>
#include <rtl_sched.h>
#include <rtl_fifo.h>

#define KINFO  KERN_INFO
#define KWARN  KERN_WARNING

#define START 1
#define STOP  2
#define NOW rt_get_time ()

#define MAX_RTTASK 10
```

```
RT_TASK rt_task[MAX_RTTASK];

typedef struct {
   unsigned int cmd;
   unsigned int task;
   RTIME periode;
} msg_t;

static msg_t msg[MAX_RTTASK];
static RTIME oldtime[MAX_RTTASK];

int init_module (void);
void cleanup_module (void);

void rttask (int t)
{
  RTIME time;

  while (1)
  {
    time = NOW;
    msg[t].periode = time - oldtime[t];
    oldtime[t] = time;
    rtf_put (1, &msg[t], sizeof (msg_t));
    rt_task_wait ();
  };
  return;
} /* rttask */

int fifo_handler (unsigned int fifo)
{
  int error;
  msg_t ctrl_msg;

  while ((error = rtf_get (2,
                          &ctrl_msg,
                          sizeof (msg_t))) == sizeof (msg_t))
  {
    switch (ctrl_msg.cmd)
    {
      case START:
        rt_task_make_periodic (&rt_task[ctrl_msg.task - 1],
                               NOW,
```

```
                              ctrl_msg.periode);
      break;
    case STOP:
      rt_task_suspend (&rt_task[ctrl_msg.task - 1]);
      break;
  };
};
  return (0);
} /* fifo_handler */

int init_module ()
{
  int i;

  if (rtf_create (1, 6000) < 0)
  {
    printk (KWARN "rtf_create error\n");
    return 0;
  };
  if (rtf_create (2, 1024) < 0)
  {
    printk (KWARN "rtf_create error\n");
    return 0;
  };

  if (rtf_create_handler (2, &fifo_handler) < 0)
  {
    printk (KWARN "rtf_create_handler error\n");
    return (0);
  };

  for (i = 0; i < MAX_RTTASK; i++)
  {
    msg[i].task = i + 1;
    oldtime[i] = NOW;
    rt_task_init (&rt_task[i], rttask, i, 3000, 1);
  };

  #ifdef DEBUGSTAT
    printk (KINFO "module loaded\n");
  #endif
  return (0);
} /* init_module */
```

```
void cleanup_module ()
{
  int i;
  /* delete real time task */
  for (i = 0; i < MAX_RTTASK; i++)
  {
    rt_task_delete (&rt_task[i]);
  };

  /* destroy real time fifo */
  rtf_destroy (1);
  rtf_destroy (2);

  #ifdef DEBUGSTAT
    printk (KINFO "module unloaded\n");
  #endif
  return;
} /* cleanup_module */
```

## 4.6 Shared Memory

Eine weitere Möglichkeit, Daten zwischen Echtzeitprozessen und Userprozessen auszutauschen, stellt die Verwendung von Shared Memory dar. Hierzu muß man schon während des Bootvorgangs dem System mitteilen, daß es nicht den komplett vorhandenen physikalischen Hauptspeicher für eigene Zwecke verwenden soll. Am einfachsten ist dies möglich über eine entsprechende Konfiguration des LILO. Besitzt ein PC physikalisch 128 Megabyte Hauptspeicher und es sollen 4 MB reserviert werden, für die Verwendung als Shared Memory Bereich, so ist der folgende Eintrag in der Konfigurationsdatei[5] des LILO nötig.

```
# zu bootender Kernel
image=/boot/vmlinuzRT1.1
# Name der Bootkonfiguration
label=RT1.1
# Rootlaufwerk der Bootkonfiguration, diese Partition wird das
# Wurzelverzeichniss.
root=/dev/sda1
append="mem=124m"
# verwende nur 124 Megabyte des physikalischen Speichers
```

---

[5]/etc/lilo.conf

Die Anfangsadresse des so reservierten Speichers, welche zum Zugriff vom Realtime Task und Userprozeß benötigt wird,

```
#define SHM_BASE (124 * 0x100000) /* Megabyte auf Byte */
```

ergibt sich aus der Anfangsadresse[6] des physikalischen Speichers plus der Größe, des für das System reservierten Speichers. Eine weitere Information, die von beiden Task gebraucht wird, ist die Struktur der Daten im Shared Memory.

```
typedef struct {
  unsigned char dirty;
  ...
} SHM_SUB_STRUCT1;

typedef struct {
  unsigned char dirty;
  ...
} SHM_SUB_STRUCT2;


  ...


typedef struct {
  SHM_SUB_STRUCT1 data1;
  SHM_SUB_STRUCT2 data2;
  ...
} SHM_STRUCT;
```

Das Flag **dirty** steuert den exklusiven Zugriff auf die verschiedenen Datenblöcke (**SHM_SUB_STRUCT1** ...) des Shared Memory. Dies ist wichtig, da während eines Shared-Memory-Zugriffs eines Usertask, dieser vom RTKernel unterbrochen werden kann. Aus diesem Grund werden die Datenblöcke vor jedem Schreiben bzw. Lesen eines Userprozesses markiert und der RTKernel so über die inkonsistenten Daten informiert. Die Struktur **SHM_STRUCT** faßt alle Datenblöcke zusammen und stellt den benutzten Shared Memory dar. Da unsere Echtzeitprozesse im Kernelmodus laufen, können sie direkt auf den Shared Memory referenzieren und ihn so benutzen.

```
SHM_STRUCT *shm_ptr = (SHM_STRUCT *) SHM_BASE;

if (shm_ptr->data1.dirty)
{ /* access ok */
  ...
}
```

---

[6]für i386 Architektur gilt 0x0

```
else
{ /* access warning */
  ...
};
```

Der Zugriff eines Userprozesses gestaltet sich schon ein wenig schwieriger,
da er keinen direkten Zugriff auf den physikalischen Hauptspeicher des PC
besitzt. Abhilfe bringt hier ein Character-Device namens /dev/mem, welches eine exakte Abbildung des Speichers darstellt. Beim Zugriff ist darauf
zu achten, daß der Userprozeß Rootrechte besitzt oder das oben genannte
Device für „normale" Prozesse zugänglich gemacht wurde.

```
#include <stdlib.h>
#include <sys/mmap.h>
#include <unistd.h>
#include <fcntl.h>

int fd;
SHM_STRUCT *shm_ptr;

if ((fd = open ("/dev/mem", O_RDWR)) < 0)
{ /* no access to /dev/mem */
  ...
};
/* main memory open */

shm_ptr = (SHM_STRUCT *) mmap (0, sizeof (SHM_STRUCT),
                               PROT_FLAG | PROT_WRITE,
                               MAP_FILE | MAP_SHARED,
                               fd, SHM_BASE);

shm_ptr->data1.dirty = 1;
/* access shared memory */
...
shm_ptr->data1.dirty = 0;
close (fd);
munmap (shm_ptr, sizeof (SHM_STRUCT));
```

## 4.7    Interprozeßkommunikation – rt_ipc.o

### 4.7.1    Allgemeines

Die Interprozeßkommunikation des RTKernel soll hier nur kurz vorgestellt
werden, da eine intensive Betrachtung den zeitlichen Rahmen der Arbeit
sprengen würde. Die beiden Funktionen rt_task_ipc_init und rt_task_ipc_delete

erwarten die gleichen Parameter, wie die auf Seite 30 vorgestellten und dienen der Taskverwaltung.

> int rt_task_ipc_init (RT_TASK_IPC *task*, void (**fn*(int data), int *data*,
>     int *stack_size*, int *priority*);
> int rt_task_ipc_delete (RT_TASK_IPC *task*)

Eine Ausnahme ist hierbei die Taskstruktur RT_TASK, da zur Implementierung des IPC-Module zusätzliche Informationen aufgenommen wurden
RT_TASK_IPC. Damit man trotzdem Funktionen verwenden kann, die eine
Task als Struktur vom Type RT_TASK erwarten, dient das Konvertierungs-
makro MAKE_RT_TASK.

```
...
RT_TASK_IPC rttask;
rt_task_ipc_init (&rttask, rtfunc, 0, 3000, 1);
rt_task_make_peridoc (MAKE_RT_TASK (&rttask),
                      rt_get_time (), 100);
...
```

### 4.7.2   Semaphore

Zur Synchronisation von Echtzeitprozessen stellt das Modul Semaphoren zur
Verfügung. Diese müssen vor ihrem ersten Benutzen angelegt werden

> int rt_sem_init (rt_sem_t *sem*, RT_SEM_TYPE *type*, int *init_val*);

und der benutzte Speicher am Ende ihrer Lebenszeit wieder deallokiert werden.

> int rt_sem_detroy (rt_sem_t *sem*);

Die P() und V() Operationen, wie sie aus dem klassischen Semaphor-Modell
bekannt sind, stellen die Funktionen

> int rt_sem_post (rt_sem_t *sem*);
> int rt_sem_wait (rt_sem_t *sem*, RTIME *timeout*);

bereit. Zum Warten auf eine Semaphore kann eine maximale Wartezeit ti-
meout angegeben werden.

### 4.7.3   Messagequeues

Der Datenaustausch von RT-Prozessen über Nachrichten-Schlangen wird
durch die Struktur rt_mq_t, sie stellt eine Warteschlange dar, realisiert. Zum
verwalten dieser Warteschlangen stehen die folgenden zwei Funktionen zur
Verfügung:

> int rt_mq_init (rt_mq_t *mq*, int *max_msgs*, int *msg_size*);

int rt_mq_destroy (rt_mq_t *mq);

Über die so generierte Warteschlange können die Echtzeitprozesse dann Nachrichten **msg** austauschen. Einer neuen Nachricht kann über das Flag **prio** gesagt werden, ob sie sich am Anfang bzw. Ende der Warteschlange einreihen soll.

int rt_mq_send (rt_mq_t *mq, char *msg, RT_MQ_PRIO prio,
    RTIME wait);
int rt_mq_receive (rt_mq_t *mq, char *msg, RTIME wait);

Ein Beispiel für die Anwendung aller Funktionen des IPC-Moduls zeigt der Autor unter /usr/src/rtlinux/rtl/semaphores/test/test_ipc.c und ihre Dokumentation ist in den entsprechenden Man-Pages[7] zu finden.

---

[7] Unix, Online-Hilfe

# Kapitel 5

# Echtzeit unter RTLinux

## 5.1 Meßplattform

Die im folgenden durchgeführten Messungen zur Leistungbestimmung des RTLinux-Systems

1. maximale Interruptfrequenz,

2. Interuptlatenzzeit

3. Zeit zum Taskwechsel und

4. Genauigkeit von periodischen Echtzeitprozessen

sind alle sehr hardware- und betriebssystemnah, weshalb sich ihre Gültigkeit auf die verwendetet Meßplattform und Softwareversionen beschränkt.

- Software

  - LINUX Version 2.0.36
  - RTLinux Version 1.1

- PC - Hardware

  - SOYO Pentium-Motherboard, PCI- und ISA-BUS, IDE-Kontroller onboard
  - INTEL Pentium 120MHz
  - 80MB Hauptspeicher 70ns
  - ELSA Winner 2000pro/x, PCI-Grafikkarte
  - DECchip Tulip dc21x4x, 10Mbit Ethernet-Netzwerkkarte
  - IDE-Festplatten (1,2GB/2,1GB/1,2GB) und -CDROM

- Meßkarte ME300[1], ISA-Bus

  - 16 A/D-Wandler

    * 12bit, Summenabtastrate max. 200kHz
    * Programmierbare Verstärkung (1, 2, 4 und 8 fach)
    * Unipolarer und Bipolarer Eingangsbereich

    | Verstärkungsfakor | unipolar | bipolar |
    |-------------------|----------|---------|
    | 1                 | 0...10V  | ±10V    |
    | 2                 | 0...5V   | ±5V     |
    | 4                 | 0...2,5V | ±2,5V   |
    | 8                 | 0...1,25V| ±1,25V  |

    * 512 x 16 Bit Fifo für die Ergebnisse der Wandlung

  - 4 D/A-Wandler

    * 12bit Auflösung, Ausgangsbereiche 0..10V, ±5V und ±10V
    * max. Ausgangsfrequenz 40kHz

  - 24 IO-Leitungen (drei 8bit Ports)

    * max. Ausgangsfrequenz 100kHz

Über die Ablaufsteuerung der Meßkarte läßt diese sich konfigurieren und die einzelnen Module steuern. Die Vorgehensweise hierzu zeigen die beiden implementierten Treiber.

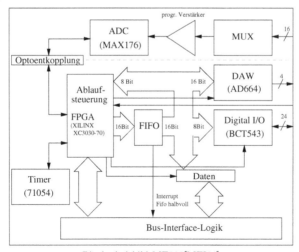

Blockschaltbild ME300[MEI96]

---

[1]Meilhaus Electronic GmbH, http://www.meilhaus.de

## 5.2 Maximale Interruptfrequenz

Eine der ersten Messungen, die ich an dem neuen System aufnahm, war eine visuelle Bestimmung der maximalen Interruptfrequenz. Hierzu erzeugte ich mit Hilfe eines Funktionsgenerators ein Interruptsignal auf der parallelen Schnittstelle. Die dadurch ausgeführte Interruptserviceroutine, weckt einen Echtzeitprozess, der ein Rechtecksignal am Parallelport erzeugt. Das Signal visualisierte ich mit Hilfe eines Oszillographen. Beim erhöhen der Interruptfrequenz konnte ein „zusammenbrechen" des erzeugten Rechtecksignals, bei ca. 50kHz beobachtet werden. Diese Ergebnis deckt sich mit den Erkenntnissen der beiden folgenden Abschnitte.

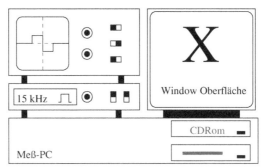

Versuchsaufbau „Maximale Interruptfrequenz"

## 5.3 Interruptlatenzzeit

Eine der wichtigsten Anforderungen an ein Echtzeitbetriebssystem ist, daß es möglichst schnell auf eine Systemveränderung reagiert. Hierzu stehen uns unter RTLinux sporadische Echtzeitprozesse (Interruptserviceroutinen) zur Verfügung. Neben der Zeit, die die Routinen benötigen um das System zu ändern, spielt die Zeit, die das Betriebssystem braucht, um den Interrupt zu erkennen und die Interruptserviceroutine zu starten (Interruptlatenzzeit), eine entscheidende Rolle in der Gesamtleistung des Systems. Um eine Aussage über die Interuptlatenzzeit eines RT-Linux machen zu können, führte ich den folgenden Versuch durch.

**Versuchsbeschreibung:**
Als Interuptquelle diente mir ein periodischer RT-Task, der ein Rechtecksignal erzeugt und es auf einem Port der Meßkarte ME300 ausgibt. Die Zeitpunkte der fallenden Flanken (Interruptauslösung) werden gespeichert, um sie mit den Zeitpunkten des Starten der Interruptserviceroutine zu verglei-

chen. Die so generierten Interrupts werden über die Karte an das Betriebssystem weitergeleitet und die entsprechende Interruptserviceroutine gestartet. Diese tut nichts anderes, als ein Bit eines weiteren Ports der Meßkarte, bei jedem Aufruf zu ändern und den Zeitpunkt zu speichern. Hierbei konnte beim Vergleich der beiden Signale auf einem Oszillographen festgestellt werden, daß die Latenzzeit Schwankungen unterliegt (vgl.Abb.1).

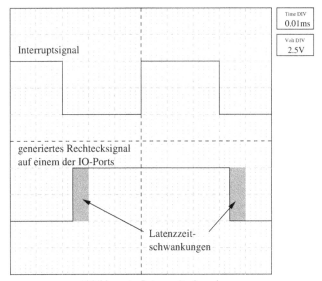

Abbildung 1, *Latenzzeitschwankungen*

Dieses ,,zittern" der Interuptlatenzzeit wird in Entwicklerkreisen des RTLinux als ,,jitter" bezeichnet. Die Ursprünge hierfür sind in der Interruptbehandlung des Systems zu suchen.
Tritt ein Interrupt auf, wird der gerade laufende C-Befehl (der größte Teil des Betriebsystems

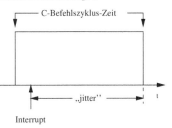

ist in der Hochsprache C implementiert) noch zu Ende bearbeitet. Erst dann wird in die Interruptserviceroutine verzweigt. Da C-Befehle aus mehreren Assemblerbefehlen, mit unterschiedlicher Anzahl zur Ausführung benötigter Taskzyklen bestehen sind Schwankungen in der Interruptlatenzzeit zwingend. Eine Verteilung der gemessenen Zeiten von 50000 Interrupts zeigt das folgende Histogramm.

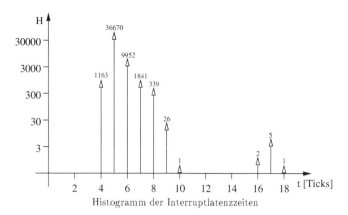

Histogramm der Interruptlatenzzeiten

Wie man aus der Abbildung unschwer erkennen kann liegt die Interruptlatenzzeit für das untersuchte System bei:

$$3.35 * 10^{-6}s \leq IRQLatenz \leq 15.08 * 10^{-6}s$$

für 99.93% aller Fälle sogar bei

$$3.35 * 10^{-6}s \leq IRQLatenz \leq 6.70 * 10^{-6}s$$

Das Auftreten von Interruptlatenzzeiten bei 16, 17 und 18 Ticks, ist Software maeßig nicht näher erklärbar. Hat aber wohl was, mit dem internen Aufbau der verwendeten Rechnerarchitektur zutun. So werden zum Beispiel Speicherbausteine durch interne Interupts zyklisch „refreshed".

Mit Hilfe dieser Ergebnisse läßt sich eine erste Abschätzung über die maximale Anzahl von Interrupts pro Sekunde ableiten.

$$MaxIRQ \ll \frac{1s}{Max_{IRQLatenz}}$$

$$MaxIRQ \ll \frac{1s}{18 * 838ns}$$

$$MaxIRQ \ll 66295$$

## 5.4  Zeit zum Taskwechsel

Neben der Interruptlatenzzeit spielt noch ein weiteres Zeitverhalten eine
entscheidende Rolle in der Leistung des Systems.

> Wie lange benötigt das Betriebssystem, um einen neuen
> „Ausführungsfaden" zu laden und zu starten?

Diese Zeit wird „context switch time" genannt und soll mit dem folgendem
Versuch näher bestimmt werden.

**Versuchsbeschreibung:**
Die Vorgehensweise zum bestimmen der Zeit, die das Betriebssystem benötigt um einen Taskwechsel durchzuführen, entspricht im wesentlichen dem
vorherigem Versuch. Es wird wieder ein periodischer Task generiert, der hier
nicht als Interruptquelle dient. Er speichert den Zeitpunkt seines Startes und
weckt mit Hilfe der Funktion rt_task_wakeup () einen weiteren Task (context
switch). Dieser bestimmt mit Hilfe des ersten Zeitpunktes und des eigenen
Zeitpunktes die Dauer des Taskwechsels. Die Ergebnisse werden über eine RT-Fifo an einen Userprozess übermittelt, gesammelt und nach 5000000
Aufrufen ausgewertet.
Eine Auswertung der Ergebnisse zeigt das folgende Histogramm:

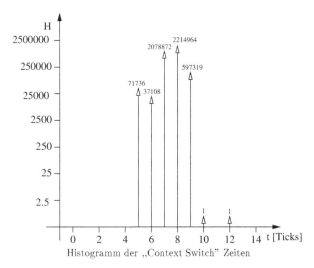

Histogramm der „Context Switch" Zeiten

Aus der Messung ergibt sich die folgende untere und obere Grenze der Zeit zum Taskwechsel

$$4.19 * 10^{-6}s \leq t_{CS} \leq 10.01 * 10^{-6}s$$

Geht man davon aus, daß eine Interuptserviceroutine auch immer einen Taskwechsel durchführt, ergibt sich eine neue Abschätzung für die maximale Anzahl von Interrupts.

$$MaxIRQ \ll \frac{1s}{Max_{IRQLatenz} + Max_{t_{CS}}}$$

$$MaxIRQ \ll \frac{1s}{(18 + 12) * 838ns}$$

$$MaxIRQ \ll 39777$$

Eine Interuptfrequenz von 30kHz entspricht einem Datum pro 34$\mu$s, was durchaus ein befriedigendes Ergebnis ist und für das untersuchte System kein Problem darstellt.

## 5.5   Zeiteinhaltung von periodischen Tasks

Da neben den Interuptserviceroutinen noch periodische Echtzeitprozesse zur Verfügung gestellt werden, war es notwendig auch hierrüber eine Aussage zu machen. Der wichtigste Aspekt eines periodischen Task ist die Genauigkeit der Periode. Eine weitere Rolle spielt die Frage wieviele periodische Prozesse das System bedienen kann, ohne das die Genauigkeit darunter leidet. Um die obige Frage zu beantworten dient der nachstehende Versuch.

**Versuchsbeschreibung:**
Um das Systemverhalten zu bestimmen entwickelte ich ein Echtzeitmodul, welches bis zu 50 RT-Task mit unterschiedlicher Periodendauer und Task-Priorität verwalten kann. Die einzelnen Task bestimmt ihre Periodendauer und übermittelt die Zeiten an einen Userprozess, der die Task startet und stoppt, sowie die Daten auswertet. Der Versuch wurde nacheinander mit den folgenden Zeiten durchgeführt.

**1.** 1 Prozess, höchste Priorität, Periodendauer 10$\mu$s, 50$\mu$s, 100$\mu$s, 1ms, 50ms und 100ms

| Anzahl Perioden | 500000 | | | | | |
|---|---|---|---|---|---|---|
| Periodendauer | 10$\mu$s | 50$\mu$s | 100$\mu$s | 1ms | 50ms | 100ms |
| durchs. Abweichung | 8.4$\mu$s | 1 Tick (838ns) | | | | |
| max. Abweichung | 22$\mu$s | 8.4$\mu$s | 6.7$\mu$s | 6.7$\mu$s | 14.2$\mu$s | 14.2$\mu$s |
| Abweichung $< 2.5\mu$s | <10% | 97% | 96% | 98% | 97% | 99% |

Wie man aus der Tabelle ersehen kann, liefert das System für Perioden zwischen 50$\mu$s und 100ms akzeptable Ergebnisse. Mit der 10$\mu$s Periode hat das System merkliche Schwierigkeiten, die sich nicht nur in der durchschnittlichen Abweichnung wiederspiegeln. Während der Messung, war kein Arbeiten mehr möglich, da der Idle-Prozess (Linux) keine Rechenzeit mehr zur Verfügung gestellt bekam. Eine typische Verteilung der Abweichungen (Periodendauer 50$\mu$s) zeigt das folgende Histogramm.

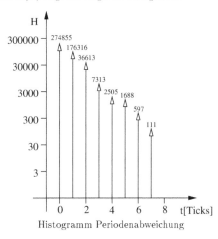

Histogramm Periodenabweichung

**2.** max. Anzahl Prozesse, höchste Priorität, Periodendauer 100$\mu$s, 1ms, 10 ms, 50ms und 100ms.

| Periodendauer | 100$\mu$s | 1ms | 10 ms | 50ms | 100ms |
|---|---|---|---|---|---|
| max. Anzahl Prozesse | 3 | 25 | 30 | 40 | 45 |
| Anzahl Perioden | 500000 | | | 50000 | |
| durchs. Abweichung | 1 - 2 Ticks | | | | |
| max. Abweichung | 12$\mu$s | 13$\mu$s | 7$\mu$s | 9.2$\mu$s | 10.6$\mu$s |
| Abweichung < 2.5$\mu$s | 80% | 81% | 94% | 92% | 91% |

Wie der Versuch zeigt, liefert das System auch bei maximaler Anzahl paralleler Prozesse noch gute Ergebnisse. Die maximale Anzahl möglicher Task, bestimmte ich über die errechnete Gesamtlaufzeit der Messung. Da bei zu grosser Anzahl paralleler Prozesse sich die Laufzeit verdoppelte, was darauf schliessen läßt, daß Prozesse sequentiell ausgeführt werden. Außerdem verbreitert sich die Peridodenunauigkeit bei steigender Taskanzahl.
Neben dem Messungen mit der vorgestellten Meßplattform, reichte meine Zeit noch aus, um die Versuche auf zwei weiteren Plattformen durchzuführen

(P166MHz und PII233MHz). Hierbei zeigte sich keine Verkürzung der ermittelten Zeiten (Maximum und Minimum), sonder die Zeiten wurden mit steigendem Prozessortakt zuverlässiger. So stiegen zum Beispiel die Zeiten für einen Contextwechsel um den Mittelwert wobei die Randregionen weniger oft gemessen wurden. Ebenso verkürzten sich die maximalen Abweichungen der Periodendauer bei den Versuchen mit periodischen Task um ca. 2 Ticks (PII233MHz).

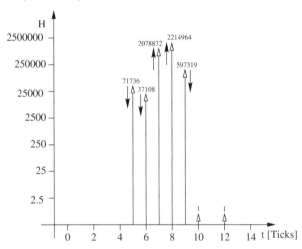

# Kapitel 6

# Zusammenfassung

Abschließend ist zu sagen, daß das untersuchte RT-Linux erstaunlich gute Ergebnisse geliefert hat. Die Messungen wurden auf einen Pentium 120 MHz, 80MByte Hauptspeicher durchgeführt. Mit einem leistungsfähigeren Prozessor sind die gemessenen Zeiten noch einmal zu verbessern.

| IRQ-Latenz | $\leq 6{,}7\mu$s |
|---|---|
| Context Switch Time | $\leq 10{,}01\mu$s |
| Periodische Task | |
| durchs. Abweichung der Periode | $\leq 2$ Ticks |
| max. Anzahl paralleler Prozesse | |
| $100\mu$s | 3 |
| 1ms | 25 |
| 10ms | 30 |
| 50ms | 40 |
| 100ms | 45 |

Auch stellte die Einarbeitung in den Betriebssystemquellcode und das Implementieren von neuen Funktionalitäten mit Hife der gefundenen Dokumentation kein Problem dar. Zusammengefaßt nocheinmal die wichtigsten Gründe für den Einsatz eines RTLinux in industriellen Echtzeitanwendungen:

- RT-Linux erfüllt die Anforderungen eines Echtzeitbetriebssystems im Mikrosekundenbereich.

- hohe Stabilität und Zuverlässigkeit
  Hierüber existieren leider keine wissenschaftlichen Studien und man muß sich auf die eigene Erfahrung und die anderer berufen.

- für Echtzeitanwendungen steht die komplette Funktionalität des Linux Systems zur Verfügung. Hierzu zählen im wesentlichsten Netzwerkunterstützung und graphische Oberfläche.

- niedrige Hard- und Softwarekosten. Das Echtzeitbetriebssystem ist umsonst und PC-Hardware war noch nie so billig wie heute.

- der Quellcode des Kernel und der Echtzeiterweiterung ist verfügbar. Somit ist es möglich das System optimal an eigene Anforderungen anzupassen.

- es existieren klar definierte Schnittstellen zum Betriebssystemkern.

- SMP-Unterstützung für komplexere Anwendungen.

- extrem schnelle Weiterentwicklung.

- „Gute" Dokumentation.

- hoher Bekanntheitsgrad.

Notwendige Bedingungen für den Einsatz des RTLinux sind, „große" Zeitraster ($> 50\mu s$) und möglichst „wenige" Interruptquellen. Müssen diese Grenzen überschritten werden, ist der Einsatz eines speziellen Echtzeitbetriebsystems und den damit verbundenen Nachteilen unumgänglich.

# Anhang A

# Die verwendeten System-Calls

**system_call_name ()** implementiert in

Prototypedefinition Headerdatei
Funktionsbeschreibung
    *param1* Parameterbeschreibung
    ...
verwendet in

---

**printk()** kernel/printk.c

int printk (const char *fmt, ...) linux/kernel.h
Entspricht der Funktion printf aus der C-Library, mit der Erweiterung das
vor dem ersten Parameter ein Makro (KERN_EMERGE, KERN_ALERT,
KERN_CRIT, KERN_ERR, KERN_WARNING, KERN_NOTICE,
KERN_INFO, KERN_DEBUG) angegeben werden kann, welches die Wichtigkeit der Nachricht angibt. Unerläßliche Funktion zum debuggen von Code.

---

**register_symtab ()** kernel/module.c

int register_symtab (struct symol_tabel *intab) linux/module.h
Trägt die Tabelle *intab* in die globale Symboltabelle des Kernel ein. Die
Einträge in *intab* sind damit global im Kernelsegment bekannt.
    *intab* neuer Eintrag für die Symboltabelle des Kernel
Wurde verwendet im Initialisierungsteil des Moduls für die ME300.

---

**register_chardev ()** fs/devices.c

int register_chrdev (int *major*, const char *name, struct file_operations *fops*) linux/module.h
Meldet einen Zeichengerätetreiber im Kern an.

*major* eindeutige Treibererkennung
*name* symbolischer Treibername
*fops* Zeiger auf die Funktionen des Treibers
Wurde verwendet im Initialisierungsteil des Modules für die ME300.

| fs/devices.c |

| linux/module.h |

**unregister_chardev ()**

int unregister_chrdev (int *major*, const char *\*name*)
Erlaubt das Abmelden eines Zeichengerätetreibers im Kern.
Wurde verwendet in der CleanUp Funktion des Modules für die ME300.

| kernel/resource.c |

| linux/ioport.h |

**check_region ()**

int check_region (unsigned int *from*, unsigned int *extend*)
Überprüft, ob der IO-Speicherbereich im Kernel schon registriert wurde.
*from* Beginn des IO-Speichers
*extend* Größe des Speicherbereichs Mit dieser und den folgenden 2 Funktionen, wurde der Zugriff auf den IO-Speicher realisiert.

| kernel/resource.c |

| linux/ioport.h |

**request_region ()**

void request_region (unsigned int *from*, unsigned int *extend*,
                          const char *\*name*)
Stellt den angeforderten IO-Speicher zur Verfügung.
*name* Symbolischer Name für /proc/ioports

| kernel/resource.c |

| linux/ioport.h |

**release_region ()**

void release_region (unsigned int *from*, unsigned int *extend*)
Gibt den übergebenen IO-Speicher wieder frei.

| i../asm/segment.h |

| asm/segment.h |

**put_user ()**

void put_user (unsigned long *datum*, void *\*ptr*)
Kopiert das übergebene Datum in den Nutzeradressraum.
*datum* zu kopierendes Datum
*ptr* Adresse im Nutzeradressraum

| i../asm/segment.h |

| asm/segment.h |

**get_user ()**

unsigned long get_user (void *\*ptr*)
Liefert ein Datum aus dem Nutzeradressraum.

53

**sleep_on ()**

kernel/sched.c

linux/sched.h

void sleep_on (struct wait_queue **queue*)
Dieser Systemruf entzieht dem aktuellen Prozeß den Prozessor und reiht ihn
in einer Warteschlange ein.
    *queue* die zu verwendende Warteschlange

**wake_up ()**

kernel/sched.c

linux/sched.h

void wake_up (struct wait_queue **queue*)
Alle Prozesse in der Warteschlange, bekommen nacheinander Prozessorzeit
zugewiesen.

Die folgenden 4 Befehle dienen dem Zugriff auf den IO-Speicher. Sie le-
sen/schreiben jeweils ein Byte bzw. Word von/an dem angegebenen IO-Port.
Mit ihrer Hilfe ist die komplette Kommunikation mit der PC-Karte ME300
realisiert worden.

**outb ()**

i../asm/io.h

asm/io.h

void outb (unsigned char *byte*, unsigned *port*)
Schreibt ein Byte an einen IO-Port.
    *byte* auszugeben-es Byte
    *port* Portadresse

**inb()**

i../asm/io.h

asm/io.h

unsigned inb (unsigned *port*)
Liest ein Byte von einem IO-Port.

**outw ()**

i../asm/io.h

asm/io.h

void outw (unsigned short *word*, unsigned *port*)
Schreibt ein Word an den angegebenen Port.
    *word*

**inw ()**

..i/asm/io.h

asm/io.h

unsigned inw (unsigned *port*)
Liest ein Word vom angegebenem Port.

| a../kernel/irq.c |
| linux/sched.h |

**request_irq ()**

int request_irq (unsigned int *irq*, void (*\*handler*) (),
                 unsigned long *flags*, const char *\*device*,
                 void *\*dev*)
Meldet eine neue Interruptquelle beim System an und weist dem Interrupt
seine Interrupt Service Routine zu.
*irq* Interruptnummer
*handler* Zeiger auf die zu benutzende Interrupt Service Routine.
*flags* Flags zur Steuerung der Interruptbehandlung
*device* symbolischer Name des Gerätes, welches den Interrupt erzeugt.
*dev* Zeiger, welcher zur eigenen Verfügung steht.

| a../kernel/irq.c |
| linux/sched.h |

**free_irq ()**

void free_irq (unsigned int *irq*, void *\*dev*)

# Anhang B

# Headerdatei zum Module me300RT.o

```
#define ME300RT_CONTROL1      0x01
#define ME300RT_STATUS        0x01
#define ME300RT_CONTROL2      0x02
#define ME300RT_RESETINT      0x02
#define ME300RT_CHANNELLIST   0x03
#define ME300RT_TIMER0        0x04
#define ME300RT_TIMER1        0x05
#define ME300RT_TIMER2        0x06
#define ME300RT_TIMERCTL      0x07
#define ME300RT_DIGITALA      0x08
#define ME300RT_DIGITALB      0x09
#define ME300RT_DIGITALC      0x0a
#define ME300RT_FIFO          0x10

/* bit in CONTROL1 */
#define ME300RT_AD_MODE_POLL  0x01
#define ME300RT_AD_MODE_INTR  0x02
#define ME300RT_AD_MODE_EXT   0x03
#define ME300RT_STOP_AD       0x03
#define ME300RT_USE_COUNTER   0x04
#define ME300RT_DIGITALA_OUT  0x20
#define ME300RT_DIGITALA_IN   0x20
#define ME300RT_DIGITALB_OUT  0x40
#define ME300RT_DIGITALB_IN   0x40
#define ME300RT_DIGITALC_IN   0x80
#define ME300RT_DIGITALC_OUT  0x80

/* bits in CONTROL2 */
#define ME300RT_DA_RESET         0x01
#define ME300RT_RESET_WRITE_CNT  0x02
#define ME300RT_CLEAR_FIFO       0x04
#define ME300RT_DA_WRITE         0x08
#define ME300RT_IRQ_ALLOWED      0x10
#define ME300RT_IRQ_SRC_HALF     0x20
#define ME300RT_IRQ_SRC_EXT      0x40
```

```
#define ME300RT_IRQ_SRC_AD       0x60
#define ME300RT_AD_STATE         0x80

/* bits in STATUS */
#define ME300RT_WRITE_READY      0x01
#define ME300RT_FIFO_EMPTY       0x02
#define ME300RT_FIFO_HALF        0x04
#define ME300RT_FIFO_FULL        0x08

/* bits in KANALLISTE */
#define ME300RT_LAST_ENTRY       0x80
```

# Anhang C

# Quellcode zu den Meßreihen

## C.1   Meßreihe1 – Interruptlatenzzeit

```
#include <linux/module.h>
#include <linux/kernel.h>
#include <rtl_sched.h>
#include <rtl_fifo.h>
#include <rtl_sync.h>
#include <asm/rt_irq.h>
#include <asm/io.h>

#include "me300RT.h"

#define KINFO KERN_INFO
#define KWARN KERN_WARNING

#define START    1
#define STOP     2

#define NOW rt_get_time ()

RT_TASK irqsrc;

static RTIME oldtime_irq;

typedef struct {
  unsigned int cmd;
  unsigned int task;
  RTIME periode;
} msg_t;

static msg_t msg;

extern unsigned int me300RT_irq;
extern unsigned int me300RT_base;

extern void me300RT_Init (void);
extern void me300RT_SetControl (unsigned char, unsigned char,
```

```
                                unsigned char);
extern void me300RT_RDummy (unsigned char);

void irq_handler (void);

int init_module (void);
void cleanup_module (void);

void irq_handler ()
{
  static unsigned char output = 0;

  msg_t msg;
  msg.task = -1;
  msg.periode = NOW - oldtime_irq;

  output = ~output;
  outb (output, me300RT_base + ME300RT_DIGITALB);
  me300RT_RDummy (ME300RT_RESETINT);
  rtf_put (1, &msg, sizeof (msg));
  return;
}

void irq_src (int t)
{
  unsigned char output = 0;
  while (1)
  {
    oldtime_irq = NOW;
    output = ~output;
    outb (output, me300RT_base + ME300RT_DIGITALA);
    rt_task_wait ();
  };
  return;
} /* irq_src */

int fifo_handler (unsigned int fifo)
{
  int error;
  msg_t ctrl_msg;

  while ((error = rtf_get (2, &ctrl_msg, sizeof (msg_t))) == sizeof (msg_t))
  {
    switch (ctrl_msg.cmd)
    {
      case START:
        printk (KINFO "irqstart\n");
        rt_task_make_periodic (&irqsrc, NOW, 239);
      break;
      case STOP:
        printk (KINFO "irqstop\n");
        rt_task_suspend (&irqsrc);
        break;
      default:
```

```
      break;
   }; /* switch */
 }; /* while */
 return (0);
} /* fifo_handler */

int init_module ()
{
  int i;
  int old_irq_state;
  int result;

  if (rtf_create (1, 6000) < 0)
  {
    printk (KWARN "rtf_create error\n");
    return (-1);
  };
  if (rtf_create (2, 1024) < 0)
  {
    printk (KWARN "rtf_create error\n");
    return (-1);
  };
  if (rtf_create_handler (2, &fifo_handler) < 0)
  {
    printk (KWARN "rtf_create_handler\n");
    return (-1);
  };

  me300RT_Init ();
  me300RT_SetControl (ME300RT_DIGITALA_OUT, ME300RT_CONTROL1, 1);
  me300RT_SetControl (ME300RT_DIGITALB_OUT, ME300RT_CONTROL1, 1);
  outb (0xff, me300RT_base + ME300RT_DIGITALA);
  outb (0xff, me300RT_base + ME300RT_DIGITALB);
  rtl_no_interrupts (old_irq_state);
  if ((result = request_RTirq (me300RT_irq, irq_handler)))
  {
    printk (KWARN "IRQ busy\n");
  }
  rtl_restore_interrupts (old_irq_state);
  me300RT_RDummy (ME300RT_RESETINT);
  me300RT_SetControl (ME300RT_IRQ_ALLOWED, ME300RT_CONTROL2, 1);
  me300RT_SetControl (ME300RT_IRQ_SRC_EXT, ME300RT_CONTROL2, 1);

  rt_task_init (&irqsrc, irq_src, 0, 3000, 1);
  printk (KINFO "module load\n");
  return (0);
} /* init_module */

void cleanup_module ()
{
  int i;
  int old_irq_state;

  rtl_no_interrupts (old_irq_state);
```

```
    free_RTirq (me300RT_irq);
    rtl_restore_interrupts (old_irq_state);

    rtf_destroy (1);
    rtf_destroy (2);
    rt_task_delete (&irqsrc);
    printk (KINFO "module unload\n");
    return;
} /* cleanup_module */
```

## C.2   Meßreihe2 – Zeit zum Taskwechsel

```
#include <linux/module.h>
#include <linux/kernel.h>
#include <rtl_sched.h>
#include <rtl_sync.h>
#include <rtl_fifo.h>
#include <asm/system.h>

#define KINFO  KERN_INFO
#define KWARN  KERN_WARNING

#define START 1
#define STOP  2
#define NOW rt_get_time ()
#define CNT 5000000

typedef struct {
    unsigned int cmd;
    unsigned int task;
    RTIME periode;
} msg_t;

static msg_t msg;

static RTIME oldtime;

RT_TASK rt_task1;
RT_TASK rt_task2;

int init_module (void);
void cleanup_module (void);

void rttask1 (int t)
{
    static unsigned int cnt = 0;
    while (1)
    {
        r_cli ();
        oldtime = NOW;
        cnt++;

        if (cnt <= CNT)
```

```
      {
        rt_task_wakeup (&rt_task2);
      }
      else
      {
        cnt = 0;
        rt_task_suspend (&rt_task1);
      };
      rt_task_wait ();
   };
} /* rtask1 */

void rttask2 (int t)
{
   static RTIME time;
   while (1)
   {
     r_cli ();
     time = NOW;
     msg.periode = time - oldtime;
     rtf_put (1, &msg, sizeof (msg_t));
     rt_task_suspend (&rt_task2);
   };
   return;
} /* rttask2 */

int fifo_handler (unsigned int fifo)
{
   int error;
   msg_t ctrl_msg;

   while ((error = rtf_get (2, &ctrl_msg, sizeof (msg_t))) == sizeof (msg_t))
   {
     switch (ctrl_msg.cmd)
     {
       case START:
         msg.task = ctrl_msg.task;
         rt_task_make_periodic (&rt_task1, NOW, 120);
         break;
       case STOP:
         rt_task_suspend (&rt_task1);
         rt_task_suspend (&rt_task2);
         break;
     };
   };
   return (0);
} /* fifo_handler */

int init_module ()
{
   if (rtf_create (1, 6000) < 0)
   {
     printk (KWARN "rtf_create error\n");
     return 0;
```

```
  };
  if (rtf_create (2, 1024) < 0)
  {
    printk (KWARN "rtf_create error\n");
    return 0;
  };

  if (rtf_create_handler (2, &fifo_handler) < 0)
  {
    printk (KWARN "rtf_create_handler error\n");
    return (0);
  };

  rt_task_init (&rt_task1, rttask1, 0, 3000, 1);
  rt_task_init (&rt_task2, rttask2, 1, 3000, 1);
  #ifdef DEBUGSTAT
    printk (KINFO "module loaded\n");
  #endif
  return (0);
} /* init_module */

void cleanup_module ()
{
  /* destroy real time fifo */
  rtf_destroy (1);
  rtf_destroy (2);
  rt_task_delete (&rt_task1);
  rt_task_delete (&rt_task2);

  #ifdef DEBUGSTAT
    printk (KINFO "module unloaded\n");
  #endif
  return;
} /* cleanup_module */
```

## C.3   Meßreihe3 – Genauigkeit der periodischen Task

```
#include <linux/module.h>
#include <linux/kernel.h>
#include <rtl_sched.h>
#include <rtl_sync.h>
#include <rtl_fifo.h>

#define KINFO   KERN_INFO
#define KWARN   KERN_WARNING

#define START 1
#define STOP  2
#define NOW rt_get_time ()

#define MAX_RTTASK 50
```

```
RT_TASK rt_task[MAX_RTTASK];

typedef struct {
  unsigned int cmd;
  unsigned int task;
  RTIME periode;
} msg_t;

static msg_t msg[MAX_RTTASK];
static RTIME oldtime[MAX_RTTASK];
static RTIME bp [MAX_RTTASK];

static unsigned int cnt [MAX_RTTASK];

int init_module (void);
void cleanup_module (void);

void rttask (int t)
{
  RTIME time;
  int flag;
  while (1)
  {
    time = NOW;
    msg[t].periode = abs ((time - oldtime[t]) - bp[t]);
    oldtime[t] = time;
    rtf_put (1, &msg[t], sizeof (msg_t));
    cnt[t]++;
    rt_task_wait ();
  };
  return;
} /* rttask */

int fifo_handler (unsigned int fifo)
{
  int error;
  msg_t ctrl_msg;

  printk (KINFO "fifo_handler\n");
  while ((error = rtf_get (2, &ctrl_msg, sizeof (msg_t))) == sizeof (msg_t))
  {
    switch (ctrl_msg.cmd)
    {
      case START:
        oldtime [ctrl_msg.task] = NOW - bp[ctrl_msg.task];
        bp[ctrl_msg.task] = ctrl_msg.periode;
        rt_task_make_periodic (&rt_task[ctrl_msg.task],
                               NOW, ctrl_msg.periode);
        break;
      case STOP:
        rt_task_suspend (&rt_task[ctrl_msg.task]);
        break;
    };
```

```
  };
  return (0);
} /* fifo_handler */

int init_module ()
{
  int i;

  if (rtf_create (1, 6000) < 0)
  {
    printk (KWARN "rtf_create error\n");
    return 0;
  };
  if (rtf_create (2, 1024) < 0)
  {
    printk (KWARN "rtf_create error\n");
    return 0;
  };

  if (rtf_create_handler (2, &fifo_handler) < 0)
  {
    printk (KWARN "rtf_create_handler error\n");
    return (0);
  };

  for (i = 0; i < MAX_RTTASK; i++)
  {
    msg[i].task = i;
    oldtime[i] = NOW;
    rt_task_init (&rt_task[i], rttask, i, 3000, 1);
  };

  #ifdef DEBUGSTAT
    printk (KINFO "module loaded\n");
  #endif
  return (0);
} /* init_module */

void cleanup_module ()
{
  int i;
  /* delete real time task */
  for (i = 0; i < MAX_RTTASK; i++)
  {
    rt_task_delete (&rt_task[i]);
  };

  /* destroy real time fifo */
  rtf_destroy (1);
  rtf_destroy (2);

  #ifdef DEBUGSTAT
    printk (KINFO "module unloaded\n");
  #endif
```

```
  return;
} /* cleanup_module */
```

# Anhang D

# Quellcode Treiber-ME300

## me300_main.h

```
#define ME300_DATE      "02.99"
#define ME300_VER       "0.0.1"
#define ME300_VENDOR    "EDAG Fulda"

/* Offset der Controlregister */
/* 8bit Register */
#define ME300_FID         0x00 /* read  */
#define ME300_ADSTART     0x00 /* write */

#define ME300_CONTROL1    0x01 /* write */
#define ME300_STATUS      0x01 /* read  */

#define ME300_CONTROL2    0x02 /* write */
#define ME300_RESETINT    0x02 /* read  */

#define ME300_KANALLISTE  0x03 /* write */

#define ME300_TIMER0DATEN   0x04 /* read/write */
#define ME300_TIMER1DATEN   0x05 /* read/write */
#define ME300_TIMER2DATEN   0x06 /* read/write */
#define ME300_TIMERCONTROL  0x07 /* read/write */
#define ME300_DIGITALA      0x08 /* read/write */
#define ME300_DIGITALB      0x09 /* read/write */
#define ME300_DIGITALC      0x0a /* read/write */
                            /* 0x0b unknown */
                            /* 0x0c unknown */
                            /* 0x0d unknown */
                            /* 0x0e unknown */
                            /* 0x0f unknown */
/* 16bit Register */
#define ME300_FIFO        0x10 /* read/write */
                          /* 0x12 reserviert */
#define ME300_DACONTROL 0x14 /* read/write */
                          /* 0x16 reserviert */
#define ME300_DADATAA    0x18 /* read/write */
```

```
#define ME300_DADATAB    0x1a /* read/write */
#define ME300_DADATAC    0x1c /* read/write */
#define ME300_DADATAD    0x1e /* read/write */

/* bit in CONTROL1 */
#define ME300_AD_MODE_POL       0x01
#define ME300_AD_MODE_INTR      0x02
#define ME300_AD_MODE_EXT       0x03
#define ME300_STOP_AD           0x03
#define ME300_USE_COUNTER       0x04
#define ME300_DIGITALA_OUT      0x20
#define ME300_DIGITALB_OUT      0x40
#define ME300_DIGITALC_OUT      0x80

/* bits in CONTROL2 */
#define ME300_DA_RESET          0x01
#define ME300_RESET_WRITE_CNT   0x02
#define ME300_CLEAR_FIFO        0x04
#define ME300_DA_WRITE          0x08
#define ME300_IRQ_ALLOWED       0x10
#define ME300_IRQ_SRC_HALF      0x20
#define ME300_IRQ_SRC_EXT       0x40
#define ME300_IRQ_SRC_AD        0x60
#define ME300_AD_STATE          0x80

/* bits in STATUS */
#define ME300_WRITE_READY       0x01
#define ME300_FIFO_EMPTY        0x02
#define ME300_FIFO_HALF         0x04
#define ME300_FIFO_FULL         0x08

/* bits in KANALLISTE */
#define ME300_LAST_ENTRY        0x80
```

## me300_main.c

```
/* History
 *
 * Author: Marco Klein
 *
 * 04.03.99 begin
 * 04.03.99 create program frame
 * 04.03.99 support digital io ports
 * 05.03.99 remove bugs in io module
 * 05.03.99 support da module
 * 07.03.99 proc filesystem support, readonly
 * 07.03.99 support ad module
 * 08.03.99 unknown problem with irq detecting
 * 09.03.99 debug information DEBUGSCAN
 * 09.03.99 debug information DEBUGINFO
 * 09.03.99 debug information DEBUGGSTAT
 * 09.03.99 header file split into
 *    me300.h  commands and errorcodes
```

```
*              all informations for applications
*
*   me300_main.h register offsets and bits of the registers
*              general informations
* 10.03.99 change commands for io module
*   -> now it is possible to set direction of all ports in one step
* 10.03.99 change commands for da module and global action
* 10.03.99 implement some error codes
* 10.03.99 full irq support
* 23.03.99 implement ring buffer for data of fifo
*          and beginning of blocking read device
* 24.03.99 testing ring buffer
* 25.03.99 kill bug in io module
* 25.03.99 separate ring buffer in own file
* 25.03.99 new Makefile
* 29.03.99 modify device driver to use with realtime kernel
*
*/


/*
 * linux/kernel.h
 *
 * KERN_*
 *
 * printk ()
 */
#include <linux/kernel.h>

/*
 * linux/module.h
 * struct symbol_table
 *
 * register_symtab ()
 *
 */
#include <linux/module.h>

/*
 * asm/io.h
 *
 * outb ()
 * outw ()
 * inb ()
 * inw ()
 *
 */
#include <asm/io.h>

/*
 * linux/fs.h
 *
 * struct file_operations
 *
 *
```

```
*/
#include <linux/fs.h>

/*
 * linux/ioport.h
 *
 * register_chrdev ()
 * unregister_chr_dev ()
 * check_region ()
 * request_region ()
 * release_region ()
 *
 */
#include <linux/ioport.h>

/*
 * linux/proc_fs.h
 *
 * struct proc_dir_entry
 *
 * proc_register_dynamic ()
 * proc_unregister ()
 *
 */
#include <linux/proc_fs.h>

#include <linux/delay.h>

#include "me300_main.h"
#include "me300.h"
#include "me300_buffer.h"

/* global settings */
#define ME300_MINOR                 0
/* AD module device minor */
#define ME300_MINOR_AD              1
/* IO Port module device minor */
#define ME300_MINOR_IO              2
/* digital port A device minor */
#define ME300_MINOR_IOA             3
/* digital port B device minor */
#define ME300_MINOR_IOB             4
/* digital port C device minor */
#define ME300_MINOR_IOC             5
/* DA module device minor */
#define ME300_MINOR_DAA             6
#define ME300_MINOR_DAB             7
#define ME300_MINOR_DAC             8
#define ME300_MINOR_DAD             9
/* FIFO device minor */
#define ME300_MINOR_FIFO           10

/* stop all work on board */
#define ME300_STOPWORK      0xff
```

```
/* values for timer selection */
#define ME300_SELECT_TIMER0  0x34
#define ME300_SELECT_TIMER1  0x74
#define ME300_SELECT_TIMER2  0xb4

/* Baseadress and Size of IO-Memory */
unsigned int me300_base = 0x700;
unsigned int me300_size = 0x020;

/* IRQ of me300 */
unsigned int me300_irq = 0x0b;

/* digital port direction        */
/* flags 0 -> output 1 -> input */
int me300_porta_dir = 1;
int me300_portb_dir = 1;
int me300_portc_dir = 1;

/* 0 -> last entry */
int me300_channel = 1;

/*
 * needed for proc file system
 * because both register are only writeable
 *
 */
unsigned char me300_control1;
unsigned char me300_control2;

/* interrupt service routine
 * 0 -> not installed
 * 1 -> installed
 */
unsigned char me300_isr = 0;

/* wait queue for ring buffer empty */
struct wait_queue *me300_TQ_read_buffer;

/* private declarations */
static void me300_interrupt (int, void*, struct pt_regs*);
static int me300_install_isr (void);
static void me300_set_control (unsigned char, unsigned char,
                               unsigned char);
static void me300_wait_write_ready (void);
static void me300_set_clear_bit (unsigned char, unsigned char);
static void me300_read_dummy8 (unsigned char);
static void me300_write_dummy8 (unsigned char);
static void me300_write_dummy16 (unsigned char);
static void me300_init (void);

/* file operation functions */
int me300_ioctl (struct inode*, struct file*, unsigned int,
                 unsigned long);
```

```
int me300_read (struct inode*, struct file*, char*, int);
int me300_write (struct inode*, struct file*, const char*, int);

/* unused */
int me300_open (struct inode*, struct file*);
void me300_release (struct inode*, struct file*);

/* load module */
int init_module (void);
/* remove module */
void cleanup_module (void);

/******** privat declarations ********/
static void me300_interrupt (int irq, void *dev_id,
                              struct pt_regs *regs)
{
  unsigned int value;
  unsigned char status;

  while  ((status = inb (me300_base + ME300_STATUS)) &
         ME300_FIFO_EMPTY)
  {
    if (!(status & ME300_FIFO_FULL))
    {
      printk (KERN_INFO "me300: overrun\n");
    };
    value = inw (me300_base + ME300_FIFO);
    #ifdef DEBUGSTAT
      if (add_item (value) == ME300_E_RING_BUF_FULL)
      {
        printk (KERN_WARNING "me300: PANIC: buffer full\n");
      };
    #else
      add_item (value);
    #endif
    /* wait 1 ms for fifo access */
    udelay (1000);
  };
  /* allow new interrupt */
  me300_read_dummy8 (ME300_CONTROL2);

  /* wake up reading process */
  wake_up (&me300_TQ_read_buffer);
} /* me300_interrupt */

static int me300_install_isr ()
{
  int retval = 0;
  /* install interrupt service routine */
  retval = request_irq (me300_irq, me300_interrupt,
                        SA_INTERRUPT, "ME300", NULL);
  if (retval != 0)
  {
    printk (KERN_INFO "me300: unable to use interrupt %02x\n",
```

```
              me300_irq);
  }
  else
  {
    me300_isr = 1;
    #ifdef DEBUGSTAT
      printk (KERN_INFO "me300: install interrupt %02x\n",
               me300_irq);
    #endif
  };
  return (retval);
} /* me300_install_isr */


static void me300_set_control (unsigned char bit, unsigned char reg,
                                unsigned char value)
{
  switch (reg)
  {
    case ME300_CONTROL1:
      if (value == 1)
      {
        me300_control1 |= bit;
      }
      else
      {
        me300_control1 &= ~bit;
      };
      outb (me300_control1, me300_base + ME300_CONTROL1);
      #ifdef DEBUGSCAN
        printk (KERN_INFO
                "me300: write value %d into register %d\n",
                me300_control1, me300_base + ME300_CONTROL1);
      #endif
      break;
    case ME300_CONTROL2:
      if (value == 1)
      {
        me300_control2 |= bit;
      }
      else
      {
        me300_control2 &= ~bit;
      };
      outb (me300_control2, me300_base + ME300_CONTROL2);
      #ifdef DEBUGSCAN
        printk (KERN_INFO
                "me300: write value %d into register %d\n",
                me300_control2, me300_base + ME300_CONTROL2);
      #endif
      break;
  };
  return;
} /* me300_set_control */
```

```
/*
 * me300_wait_write_ready ()
 *
 * wait for bit0 = 0 in status register
 * bit0 = 1 -> write busy / write to channel list
 *
 */
static void me300_wait_write_ready ()
{
  unsigned char tmp;

  while (((tmp = inb (me300_base + ME300_STATUS)) &
         ME300_WRITE_READY));
  #ifdef DEBUGINFO
    printk (KERN_INFO "me300: transfer to channel list ok\n");
  #endif
  return;
} /* me300_wait_write_ready */


/*
 * me300_set_clear_bit ()
 *
 * set and clear bit bit in register reg
 *
 */
static void me300_set_clear_bit (unsigned char bit,
                                 unsigned char reg)
{
  me300_set_control (bit, reg, 1);
  me300_set_control (bit, reg, 0);
  return;
} /* me300_set_clear_bit */

/*
 * me300_read_dummy ()
 *
 * read dummy value from register reg
 *
 */
static void me300_read_dummy8 (unsigned char reg)
{
  inb (me300_base + reg);
  #ifdef DEBUGSCAN
    printk (KERN_INFO "me300: read dummy from %d\n",
            me300_base + reg);
  #endif
  return;
} /* me300_read_dummy */

/*
 * me300_write_dummy ()
```

```
 *
 * write dummy value into register reg
 *
 */
static void me300_write_dummy8 (unsigned char reg)
{
  outb (0x0, me300_base + reg);
  #ifdef DEBUGSCAN
    printk (KERN_INFO "me300: write dummy into register %d\n",
            me300_base +reg);
  #endif
  return;
} /* me300_write_dummy */

static void me300_write_dummy16 (unsigned char reg)
{
  outw (0x0, me300_base + reg);
  #ifdef DEBUGSCAN
    printk (KERN_INFO "me300: write dummy into register %d\n",
            me300_base + reg);
  #endif
  return;
} /* me300_write_dummy16 */

/*
 * me300_init ()
 *
 * me300 board initialization
 *
 */
static void me300_init ()
{
  /* stop all action on board me300 */
  me300_control1 = 0;
  me300_control2 = 0;
  me300_set_control (ME300_STOPWORK, ME300_CONTROL1, 0);
  me300_set_control (ME300_STOPWORK, ME300_CONTROL2, 0);

/* reset board */
  #ifdef DEBUGINFO
    printk (KERN_INFO "me300: write STOPWORK (0x0)\n");
  #endif

  /* reset interrupt control */
  me300_read_dummy8 (ME300_RESETINT);
  #ifdef DEBUGINFO
    printk (KERN_INFO "me300: read dummy from RESETINT\n");
  #endif

/* reset da module */
  me300_set_clear_bit (ME300_DA_RESET, ME300_CONTROL2);
  #ifdef DEBUGINFO
    printk (KERN_INFO "me300: reset da module\n");
  #endif
```

```
/* reset ad state */
  me300_set_clear_bit (ME300_AD_STATE, ME300_CONTROL2);
  #ifdef DEBUGINFO
    printk (KERN_INFO "me300: reset ad state\n");
  #endif

/* clear fifo */
  me300_set_clear_bit (ME300_CLEAR_FIFO, ME300_CONTROL2);
  #ifdef DEBUGINFO
    printk (KERN_INFO "me300: clear fifo\n");
    printk (KERN_INFO "me300: board initialization ok\n");
  #endif
  return;
} /* me300_init */

/* device operations */
int me300_ioctl (struct inode *inode,
                 struct file *file,
                 unsigned int cmd,
                 unsigned long arg)
{
  int retval = 0;
  unsigned char value8;
  unsigned int value16;

  unsigned char low;
  unsigned char high;

  if (_IOC_TYPE (cmd) != ME300_MAJOR)
  {
    #ifdef DEBUGINFO
      printk (KERN_INFO "me300: false device identification\n");
    #endif
    return (ME300_E_FDI);
  }
  else
  { /* correct device */
    switch (cmd)
    {
      case ME300_C_STOP_AD:
        #ifdef DEBUGINFO
          printk (KERN_INFO "me300: command STOP_AD\n");
        #endif
        me300_set_control (ME300_STOP_AD, ME300_CONTROL1, 0);
        break;
      case ME300_C_CLEAR_FIFO:
        #ifdef DEBUGINFO
          printk (KERN_INFO "me300: command CLEAR_FIFO\n");
        #endif
        me300_set_clear_bit (ME300_CLEAR_FIFO, ME300_CONTROL2);
        break;
      case ME300_C_START_AD:
        #ifdef DEBUGINFO
```

```
    printk (KERN_INFO "me300: command START_AD\n");
  #endif
  me300_write_dummy8 (ME300_ADSTART);
  break;
case ME300_C_POLL:
  #ifdef DEBUGINFO
    printk (KERN_INFO "me300: command POLL\n");
  #endif
  me300_set_control (ME300_AD_MODE_POLL, ME300_CONTROL1, 1);
  break;
case ME300_C_INTR:
  #ifdef DEBUGINFO
    printk (KERN_INFO "me300: command INTR\n");
  #endif
  me300_set_control (ME300_AD_MODE_INTR, ME300_CONTROL1, 1);
  break;
case ME300_C_EXT:
  #ifdef DEBUGINFO
    printk (KERN_INFO "me300: command EXT\n");
  #endif
  me300_set_control (ME300_AD_MODE_EXT, ME300_CONTROL1, 1);
  break;
case ME300_C_RESET_WRITE_CNT:
  #ifdef DEBUGINFO
    printk (KERN_INFO "me300: command RESET_WRITE_CNT\n");
  #endif
  me300_set_clear_bit (ME300_RESET_WRITE_CNT, ME300_CONTROL2);
  break;
case ME300_C_RESET_IRQ:
  #ifdef DEBUGINFO
    printk (KERN_INFO "me300: command RESET_IRQ\n");
  #endif
  me300_read_dummy8 (ME300_CONTROL2);
  break;
case ME300_C_IRQ_SRC_HALF:
  #ifdef DEBUGINFO
    printk (KERN_INFO "me300: command IRQ_SRC_HALF\n");
  #endif
  me300_set_control (ME300_IRQ_SRC_HALF, ME300_CONTROL2, 1);
  break;
case ME300_C_IRQ_SRC_EXT:
  #ifdef DEBUGINFO
    printk (KERN_INFO "me300: command IRQ_SRC_EXT\n");
  #endif
  me300_set_control (ME300_IRQ_SRC_EXT, ME300_CONTROL2, 1);
  break;
case ME300_C_IRQ_SRC_AD:
  #ifdef DEBUGINFO
    printk (KERN_INFO "me300: command IRQ_SRC_AD\n");
  #endif
  me300_set_control (ME300_IRQ_SRC_AD, ME300_CONTROL2, 1);
  break;
case ME300_C_IRQ_SRC_NO:
  #ifdef DEBUGINFO
```

```
    printk (KERN_INFO "me300: command IRQ_SRC_NO\n");
  #endif
  me300_set_control (ME300_IRQ_SRC_AD, ME300_CONTROL2, 0);
  break;
case ME300_C_IRQ_ALLOWED:
  #ifdef DEBUGINFO
    printk (KERN_INFO "me300: command IRQ_ALLOWED\n");
  #endif
  me300_set_control (ME300_IRQ_ALLOWED, ME300_CONTROL2, 1);
  break;
case ME300_C_NOUSE_COUNTER:
  #ifdef DEBUGINFO
    printk (KERN_INFO "me300: command NOUSE_COUNTER\n");
  #endif
  me300_set_control (ME300_USE_COUNTER, ME300_CONTROL1, 1);
  break;
case ME300_C_INIT:
  #ifdef DEBUGINFO
    printk (KERN_INFO "me300: command INIT\n");
  #endif
  me300_init ();
  break;
case ME300_C_ISR:
  #ifdef DEBUGINFO
    printk (KERN_INFO "me300: command ISR\n");
  #endif
  me300_install_isr ();
  break;
case ME300_C_RESET_DA:
  #ifdef DEBUGINFO
    printk (KERN_INFO "me300: command RESET_DA\n");
  #endif
  me300_set_clear_bit (ME300_DA_RESET, ME300_CONTROL2);
  break;
case ME300_C_IOA_IN:
  #ifdef DEBUGINFO
    printk (KERN_INFO "me300: command IOA_IN\n");
  #endif
  me300_set_control (ME300_DIGITALA_OUT, ME300_CONTROL1, 0);
  me300_porta_dir = 1;
  break;
case ME300_C_IOA_OUT:
  #ifdef DEBUGINFO
    printk (KERN_INFO "me300: command IOA_OUT\n");
  #endif
  me300_set_control (ME300_DIGITALA_OUT, ME300_CONTROL1, 1);
  me300_porta_dir = 0;
  break;
case ME300_C_IOB_IN:
  #ifdef DEBUGINFO
    printk (KERN_INFO "me300: command IOB_IN\n");
  #endif
  me300_set_control (ME300_DIGITALB_OUT, ME300_CONTROL1, 0);
  me300_portb_dir = 1;
```

```c
      break;
case ME300_C_IOB_OUT:
  #ifdef DEBUGINFO
    printk (KERN_INFO "me300: command IOB_OUT\n");
  #endif
  me300_set_control (ME300_DIGITALB_OUT, ME300_CONTROL1, 1);
  me300_portb_dir = 0;
  break;
case ME300_C_IOC_IN:
  #ifdef DEBUGINFO
    printk (KERN_INFO "me300: command IOC_IN\n");
  #endif
  me300_set_control (ME300_DIGITALC_OUT, ME300_CONTROL1, 0);
  me300_portb_dir = 1;
  break;
case ME300_C_IOC_OUT:
  #ifdef DEBUGINFO
    printk (KERN_INFO "me300: command IOC_OUT\n");
  #endif
  me300_set_control (ME300_DIGITALC_OUT, ME300_CONTROL1, 0);
  me300_portb_dir = 0;
  break;
case ME300_C_LOAD_CLK0:
case ME300_C_LOAD_CLK1:
case ME300_C_LOAD_CLK2:
  value16 = (unsigned int) arg;
  low = value16 & 0x00ff;
  high = (value16 & 0xff00) >> 8;
  switch (cmd)
  {
    case ME300_C_LOAD_CLK0:
      outb (ME300_SELECT_TIMER0,
            me300_base + ME300_TIMERCONTROL);
      outb (low, me300_base + ME300_TIMER0DATEN);
      outb (high, me300_base + ME300_TIMER0DATEN);
      #ifdef DEBUGSCAN
        printk (KERN_INFO "me300: write value %d into %d\n",
                ME300_SELECT_TIMER0,
                me300_base + ME300_TIMERCONTROL);
        printk (KERN_INFO "me300: write value %d into %d\n",
                low, me300_base + ME300_TIMER0DATEN);
        printk (KERN_INFO "me300: write value %d into %d\n",
                high, me300_base + ME300_TIMER0DATEN);
      #endif
      #ifdef DEBUGINFO
        printk (KERN_INFO "me300: command LOAD_CLK0\n");
      #endif
      break;
    case ME300_C_LOAD_CLK1:
      outb (ME300_SELECT_TIMER1,
            me300_base + ME300_TIMERCONTROL);
      outb (low, me300_base + ME300_TIMER1DATEN);
      outb (high, me300_base + ME300_TIMER1DATEN);
      #ifdef DEBUGSCAN
```

```
          printk (KERN_INFO "me300: write value %d into %d\n",
                  ME300_SELECT_TIMER1,
                  me300_base + ME300_TIMERCONTROL);
          printk (KERN_INFO "me300: write value %d into %d\n",
                  low, me300_base + ME300_TIMER1DATEN);
          printk (KERN_INFO "me300: write value %d into %d\n",
                  high, me300_base + ME300_TIMER1DATEN);
        #endif
        #ifdef DEBUGINFO
          printk (KERN_INFO "me300: command LOAD_CLK1\n");
        #endif
      break;
    case ME300_C_LOAD_CLK2:
      outb (ME300_SELECT_TIMER2,
            me300_base + ME300_TIMERCONTROL);
      outb (low, me300_base + ME300_TIMER2DATEN);
      outb (high, me300_base + ME300_TIMER2DATEN);
        #ifdef DEBUGSCAN
          printk (KERN_INFO "me300: write value %d into %d\n",
                  ME300_SELECT_TIMER2,
                  me300_base + ME300_TIMERCONTROL);
          printk (KERN_INFO "me300: write value %d into %d\n",
                  low, me300_base + ME300_TIMER2DATEN);
          printk (KERN_INFO "me300: write value %d into %d\n",
                  high, me300_base + ME300_TIMER2DATEN);
        #endif
        #ifdef DEBUGINFO
          printk (KERN_INFO "me300: command LOAD_CLK2\n");
        #endif
      break;
  };
  break;
case ME300_C_LOAD_CHANNEL:
  value8 = (unsigned char) arg;
  #ifdef DEBUGAD
    printk (KERN_INFO "me300: read channel entry %d\n",
            value8);
  #endif

  outb (value8, me300_base + ME300_KANALLISTE);
  #ifdef DEBUGSCAN
    printk (KERN_INFO "me300: write value %d into %d\n",
            value8, me300_base + ME300_KANALLISTE);
  #endif
  #ifdef DEBUGAD
    printk (KERN_INFO
            "me300: write entry %d into channel list\n",
            value8);
  #endif

  me300_wait_write_ready ();

  if (value8 & ME300_LAST_ENTRY)
  { /* last channel entry */
```

```c
          me300_channel = 0;
          #ifdef DEBUGAD
            printk (KERN_INFO "me300: last channel entry\n");
          #endif
        };
      break;
    case ME300_C_DA_MODE:
      me300_set_control (ME300_DA_WRITE, ME300_CONTROL2, 1);
      #ifdef DEBUGINFO
        printk (KERN_INFO "me300: da aktive\n");
      #endif

      value16 = (unsigned int) arg;
      outw (value16, me300_base + ME300_DACONTROL);
      #ifdef DEBUGSCAN
        printk (KERN_INFO "me300 write value %d into %d\n",
                value16, me300_base + ME300_DACONTROL);
      #endif
      #ifdef DEBUGDA
        printk (KERN_INFO "me300: set da mode to 0x%04x\n",
          value16);
      #endif

      me300_set_control (ME300_DA_WRITE, ME300_CONTROL2, 0);
      #ifdef DEBUGDA
        printk (KERN_INFO "me300: da inaktive\n");
      #endif

      me300_write_dummy16 (ME300_DACONTROL);
      #ifdef DEBUGINFO
        printk (KERN_INFO "me300: accept da mode\n");
      #endif
    break;
    default:
      printk (KERN_WARNING "me300: unkown ioctl-command\n");
      break;
   }; /* switch */
  }; /* else correct device */
  return (retval);
} /* me300_ioctl */

int me300_read (struct inode *inode,
                struct file *file,
                char *buf,
                int cnt)
{
  unsigned int value;
  int retval = sizeof (unsigned int);

  switch (MINOR (inode->i_rdev))
   {
/* read digital io port */
    case ME300_MINOR_IOA:
      value = inb (me300_base + ME300_DIGITALA);
```

```
    put_user (value, buf);
    #ifdef DEBUGIO
      printk (KERN_INFO
              "me300: read value %d from port A\n", value);
    #endif
    break;
  case ME300_MINOR_IOB:
    value = inb (me300_base + ME300_DIGITALB);
    put_user (value, buf);
    #ifdef DEBUGIO
      printk (KERN_INFO
              "me300: read value %d form port B\n", value);
    #endif
    break;
  case ME300_MINOR_IOC:
    value = inb (me300_base + ME300_DIGITALC);
    put_user (value, buf);
    #ifdef DEBUGIO
      printk (KERN_INFO
              "me300: read value %d from port C\n", value);
    #endif
    break;
  case ME300_MINOR_FIFO:
    if (get_item (&value) == ME300_E_RING_BUF_EMPTY)
    {
      sleep_on (&me300_TQ_read_buffer);
      printk (KERN_INFO "me300: reading process wakeup\n");
      get_item (&value);
    };
    put_user (value, (unsigned int*) buf);
    break;
/* unknown device minor */
  default:
    printk (KERN_WARNING
            "me300: unknown minor %d\n", MINOR (inode->i_rdev));
    break;
  }; /* switch */
  return (retval);
} /* me300_read */

int me300_write (struct inode *inode,
                 struct file *file,
                 const char *buf,
                 int cnt)
{
  unsigned char value;
  unsigned int count;
  int retval = sizeof (unsigned char);

  switch (MINOR (inode->i_rdev))
  {
    case ME300_MINOR_DAA:
    case ME300_MINOR_DAB:
    case ME300_MINOR_DAC:
```

```
case ME300_MINOR_DAD:
  me300_set_control (ME300_DA_WRITE, ME300_CONTROL2, 1);
  count = get_user ((unsigned int*) buf);
  switch (MINOR (inode->i_rdev))
  {
    case ME300_MINOR_DAA:
      outw (count, me300_base + ME300_DADATAA);
      #ifdef DEBUGSCAN
        printk (KERN_INFO "me300: write value %d into %d\n",
                count, me300_base + ME300_DADATAA);
      #endif
      #ifdef DEBUGDA
        printk (KERN_INFO
                "me300: write value 0x%02x into DADATAA\n",
                count);
      #endif
      break;
    case ME300_MINOR_DAB:
      outw (count, me300_base + ME300_DADATAB);
      #ifdef DEBUGSCAN
        printk (KERN_INFO "me300: write value %d into %d\n",
                count, me300_base + ME300_DADATAB);
      #endif

      #ifdef DEBUGDA
        printk (KERN_INFO
                "me300: write value 0x%04x into DADATAB\n",
                count);
      #endif
      break;
    case ME300_MINOR_DAC:
      outw (count, me300_base + ME300_DADATAC);
      #ifdef DEBUGSCAN
        printk (KERN_INFO "me300: write value %d into %d\n",
                count, me300_base + ME300_DADATAC);
      #endif

      #ifdef DEBUGDA
        printk (KERN_INFO
                "me300: write value 0x%04x into DADATAC\n",
                count);
      #endif
      break;
    case ME300_MINOR_DAD:
      outw (count, me300_base + ME300_DADATAD);
      #ifdef DEBUGSCAN
        printk (KERN_INFO "me300: write value %d into %d\n",
                count, me300_base + ME300_DADATAD);
      #endif

      #ifdef DEBUGDA
        printk (KERN_INFO
                "me300: write value 0x%04x into DADATAD\n",
                count);
```

```
        #endif
        break;
    }; /* switch */
    me300_set_control (ME300_DA_WRITE, ME300_CONTROL2, 0);
    switch (MINOR (inode->i_rdev))
    {
      case ME300_MINOR_DAA:
        me300_write_dummy16 (ME300_DADATAA);
        break;
      case ME300_MINOR_DAB:
        me300_write_dummy16 (ME300_DADATAB);
        break;
      case ME300_MINOR_DAC:
        me300_write_dummy16 (ME300_DADATAC);
        break;
      case ME300_MINOR_DAD:
        me300_write_dummy16 (ME300_DADATAD);
        break;
    };
    #ifdef DEBUGINFO
      printk (KERN_INFO "me300: accept da data\n");
    #endif

    retval = sizeof (unsigned int);
    break;
/* write digital io ports */
    case ME300_MINOR_IOA:
      if (me300_porta_dir)
      {
        retval = ME300_E_NOUTPUT;
        break;
      };
      value = (unsigned char) get_user (buf);
      outb (value, me300_base + ME300_DIGITALA);
      #ifdef DEBUGSCAN
        printk (KERN_INFO
            "me300: write value %d into %d\n",
              value, me300_base + ME300_DIGITALA);
      #endif
      #ifdef DEBUGIO
        printk (KERN_INFO "me300: write value 0x%x to port A\n",
              value);
      #endif
      break;
    case ME300_MINOR_IOB:
      if (me300_portb_dir)
      {
        retval = ME300_E_NOUTPUT;
        break;
      };
      value = (unsigned char) get_user (buf);
      outb (value, me300_base + ME300_DIGITALB);
      #ifdef DEBUGSCAN
        printk (KERN_INFO "me300: write value %d into %d\n",
```

```
                  value, me300_base + ME300_DIGITALB);
      #endif
      #ifdef DEBUGIO
        printk (KERN_INFO "me300: write value 0x%x to port B\n",
                value);
      #endif
      break;
    case ME300_MINOR_IOC:
      if (me300_portc_dir)
      {
        retval = ME300_E_NOUTPUT;
        break;
      };
      value = (unsigned char) get_user (buf);
      outb (value, me300_base + ME300_DIGITALC);
      #ifdef DEBUGSCAN
        printk (KERN_INFO "me300: write value %d into %d\n",
                value, me300_base + ME300_DIGITALC);
      #endif
      #ifdef DEBUGIO
        printk (KERN_INFO "me300: write value 0x%x to port C\n",
                value);
      #endif
      break;
    default:
      printk (KERN_WARNING "me300: unknown minor %d\n",
              MINOR (inode->i_rdev));
      retval = ME300_E_UNKNOWN_MINOR;
      break;
  }; /* switch */
  return (retval);
} /* me300_write */

int me300_open (struct inode *inode, struct file *file)
{
return (0);
} /* me300_open */

void me300_release (struct inode *inode, struct file *file)
{
return;
} /* me300_release */

static struct file_operations me300_fops = {
    NULL,          /* seek    */
    me300_read,    /* read    */
    me300_write,   /* write   */
    NULL,          /* readdir */
    NULL,          /* select  */
    me300_ioctl,   /* ioctl   */
    NULL,          /* mmap    */
    me300_open,    /* open    */
    me300_release  /* release */
};
```

```
/* table with exported symbols */
static struct symbol_table me300_syms = {
#include <linux/symtab_begin.h>
  X (me300_base),
  X (me300_irq),
#include <linux/symtab_end.h>
};

/* module handling */
extern struct proc_dir_entry me300_proc_entry;

int init_module ()
{
  int result;
  unsigned char value;

  /* init local data */
  init_ring_buf ();

  /* register major number */
  if ((result = register_chrdev (ME300_MAJOR,
                                 "me300",
                                 &me300_fops)) < 0)
  {
    printk (KERN_WARNING "me300: can't get major %d\n",
            ME300_MAJOR);
    return (result);
  };
#ifdef DEBUGSTAT
    printk (KERN_INFO "me300: register major %d\n", ME300_MAJOR);
#endif

  /* check io memory */
  if ((result = check_region (me300_base, me300_size)) < 0)
  {
    unregister_chrdev (ME300_MAJOR, "me300");
    printk (KERN_WARNING
            "me300: iomemory 0x%03x - 0x%03x in use\n",
    me300_base,
            me300_base + me300_size - 1);
    return (result);
  };

  /* register io memory */
  request_region (me300_base, me300_size, "me300");
#ifdef DEBUGSTAT
    printk (KERN_INFO
            "me300: register iomemory 0x%03x - 0x%03x ok\n",
    me300_base,
    me300_base + me300_size - 1);
#endif

  /* probing me300 card */
```

```
value = inb (me300_base + ME300_FID);

/*
 * 0x39 -> me300
 * 0x21 -> me260
 * 0x29 -> me260D
 *
 */
if (value == 0x39)
{ /* found me300 */
  #ifdef DEBUGSTAT
    printk (KERN_INFO
            "me300: found me300 at 0x%03x\n", me300_base);
  #endif
}
else
{ /* me300 not found */
  printk (KERN_WARNING
          "me300: no me300 found at 0x%03x\n", me300_base);
  release_region (me300_base, me300_size);
  unregister_chrdev (ME300_MAJOR, "me300");
  return (-1);
};

/* register proc-fs entry */
if ((result = proc_register_dynamic (&proc_root,
                                     &me300_proc_entry)) < 0)
{
  printk (KERN_WARNING "me300: can't register proc entry\n");
};

/* register symbol table */
register_symtab (&me300_syms);
#ifdef DEBUGSTAT
  printk (KERN_INFO "me300: register symbol table\n");
  printk (KERN_INFO "me300: module me300 loaded\n");
#endif

return (0);
} /* init_module */

void cleanup_module ()
{
  int result;

  if ((result = unregister_chrdev (ME300_MAJOR, "me300")) < 0)
  {
    printk (KERN_WARNING
            "me300: can't unregister major %d\n", ME300_MAJOR);
    return;
  };
  #ifdef DEBUGSTAT
    printk (KERN_INFO "me300: unregister major %d\n", ME300_MAJOR);
  #endif
```

```
  if (me300_isr == 1)
  {
   free_irq (me300_irq, NULL);
    #ifdef DEBUGSTAT
       printk (KERN_INFO "me300: uninstall interrupt %02x\n",
               me300_irq);
    #endif
  };

  proc_unregister (&proc_root, me300_proc_entry.low_ino);
  release_region (me300_base, me300_size);
  #ifdef DEBUGSTAT
    printk (KERN_INFO
            "me300: unregister iomemory 0x%03x - 0x%03x\n",
            me300_base,
            me300_base + me300_size - 1);
    printk (KERN_INFO "me300: module me300 unloaded\n");
  #endif

  return;
} /* cleanup_module */
```

## me300_proc.c

```
/*
 * linux/proc_fs.h
 *
 * struct pro_dir_entry
 *
 */
#include <linux/proc_fs.h>
#include <asm/io.h>

#include "me300_buffer.h"
#include "me300_main.h"
#include "me300.h"

int me300_read_proc (char *buf, char **start, off_t offset,
                     int len, int unused)
{
  extern unsigned short me300_base;
  extern unsigned char me300_size;
  extern unsigned char me300_irq;
  extern unsigned char me300_control1;
  extern unsigned char me300_control2;

  extern ring_bufT ring_buf;

  unsigned char status;
  status = inb (me300_base + ME300_STATUS);

  len = 0;
```

```
  len += sprintf (buf + len, "Meilhaus ME300, ");
  len += sprintf (buf + len, ME300_VENDOR);
  len += sprintf (buf + len, " ");
  len += sprintf (buf + len, ME300_DATE);
  len += sprintf (buf + len, ", Version ");
  len += sprintf (buf + len, ME300_VER);
  len += sprintf (buf + len, "\n");
  len += sprintf (buf + len, "IO Base:\t\t[0x%x - 0x%x]\n",
                  me300_base, me300_base + me300_size - 1);
  len += sprintf (buf + len, "Device Major Number:\t%d\n",
                  ME300_MAJOR);
  len += sprintf (buf + len, "IRQ:\t\t\t%d\n", me300_irq);

  if (!(status & ME300_FIFO_EMPTY))
  {
    len += sprintf (buf + len, "FIFO empty:\t\tyes\n");
  }
  else
  {
    len += sprintf (buf + len, "FIFO empty:\t\tno\n");
  };

  if (!(status & ME300_FIFO_HALF))
  {
    len += sprintf (buf + len, "FIFO half:\t\tyes\n");
  }
  else
  {
    len += sprintf (buf + len, "FIFO half:\t\tno\n");
  };

  if (!(status & ME300_FIFO_FULL))
  {
    len += sprintf (buf + len, "FIFO full:\t\tyes\n");
  }
  else
  {
    len += sprintf (buf + len, "FIFO full:\t\tno\n");
  };
  len += sprintf (buf + len,
                  "Control Register 1:\t0x%02x\n", me300_control1);
  len += sprintf (buf + len,
                  "Control Register 2:\t0x%02x\n", me300_control2);
  len += sprintf (buf + len,
                  "------------------------------------------\n");
  len += sprintf (buf + len, "Ring Buffer Size:\t0x%02x\n",
                  ME300_RING_BUF_MAX);
  len += sprintf (buf + len, "Items in Buffer:\t0x%02x\n",
                  ring_buf.items);
  return (len);
} /* me300_read_proc */

struct proc_dir_entry me300_proc_entry = {
  0,                  /* eintrag dynamisch */
```

```
  5, "me300",          /* Namenslaenge, Name */
  S_IFREG | S_IRUGO,   /* mode */
  1, 0, 0,             /* nlinks, owner, group */
  0,                   /* size--unsized */
  NULL,                /* operations--use default */
  &me300_read_proc,    /* function used to read data */
};
```

## me300_buffer.h

```
/* size of ring buffer */
#define ME300_RING_BUF_MAX 512

/* error codes */
#define ME300_E_OK  0
#define ME300_E_RING_BUF_FULL -1
#define ME300_E_RING_BUF_EMPTY  -2

typedef struct {
  unsigned int items;
  unsigned int rpos;
  unsigned int wpos;
  unsigned int fifo [ME300_RING_BUF_MAX - 1];
} ring_bufT;

/* structure of ring buffer */
ring_bufT ring_buf;

/* initialisation of the ring buffer */
void init_ring_buf (void);
/* add item to ring buffer */
int add_item (unsigned int);
/* get item from ring buffer */
int get_item (unsigned int*);
```

## me300_buffer.c

```
#include "me300_buffer.h"

/*
 * initialisation of ring buffer
 *
 */
void init_ring_buf ()
{
  ring_buf.items = 0;
  ring_buf.rpos  = 0;
  ring_buf.wpos  = 0;
} /* init_ring_buf */

/*
 * put one item in the ring buffer
```

```c
 * return an error if the buffer is full
 *
 */
int add_item (unsigned int item)
{
  if (ring_buf.items == ME300_RING_BUF_MAX)
  { /* no space in buffer */
    return (ME300_E_RING_BUF_FULL);
  }
  else
  { /* add item */
    /* count new entry */
    ring_buf.items++;
    /* put entry in buffer */
    ring_buf.fifo [ring_buf.wpos] = item;
    /* refresh write counter */
    ring_buf.wpos = (++ring_buf.wpos) % (ME300_RING_BUF_MAX);
  };
  return (ME300_E_OK);
} /* add_item */

/*
 * get one item from the buffer
 * if buffer is empty an error is returned
 *
 */
int get_item (unsigned int *item)
{
  if (ring_buf.items == 0)
  { /* buffer is empty */
    return (ME300_E_RING_BUF_EMPTY);
  }
  else
  { /* get item */
    /* count read entry */
    ring_buf.items--;
    /* get entry from buffer */
    *item = ring_buf.fifo [ring_buf.rpos];
    /* refresh read counter */
    ring_buf.rpos = (++ring_buf.rpos) % (ME300_RING_BUF_MAX);
  };
  return (ME300_E_OK);
} /* get_item */
```

# Literaturverzeichnis

[BEC97]  Michael Beck. *Linux-Kernel-Programmierung.* Addison-Wesley. Bonn, 1997.

[GOL95]  Sven Goldt. *The Linux Programmer's Guide.* Version 0.4, 1995.

[LSC]  Linus Torvalds. *Linux Kernel Source Code.* Version 2.0.36, 1998.

[MEI96]  Meilhaus Electronic GmbH. *Handbuch ME300* und *Treiberquellcode*, Puchheim, 1996.

[PEA]  Craig Peacock. *Interfacing the Standard Parallel Port.*, 1998. http://www.senet.com.au/˜cpeacock

[POM98]  Ori Pomerantz. *Linux Kernel Module Programming Guide.* Version 1.0, 1998.

[RTL]  Home-Page des RT-Linux Projektes. Socorro, New Mexico: New Mexico Tech. URL: http://www.rtlinux.org/ rtlinux.

[RTSC]  Victor Yodaiken, Michael Barabonov, u.a. *Linux Realtime Kernel.* Version 1.1, 1999.

[RUB98]  Alessandro Rubin. *Linux Device Driver.* O'Reilly & Associates, INC. Sebastopol, 1998.

[RUS99]  David A. Rusling. *The Linux Kernel.* Version 0.8-3, 1999.

[RZE96]  Helmut Rzehak. *Echtzeit-Betriebssysteme - Anwendungen und Stand der Technik.* Elektronik 6/1996.

[SIE98]  Till Christian Siering.
*RT-Linux - wie funktioniert das? Einführung in die Echtzeiterweiterung RT-LINUX.* Linux-Magazin, März 1998.

[WAR91]  Paul T. Ward. *Strukturierte Systemanalyse von Echtzeit-Systemen* Hanser Verlag. München, 1991.

[WOL97]  Dr.-Ing. Jörg F. Wollert. *Echtzeitlösungen für Windows NT.* Echt Zeit Kongreß 97, Eröffnungsrede

*Diplomarbeiten* Agentur

Die Diplomarbeiten Agentur vermarktet seit 1996 erfolgreich
Wirtschaftsstudien, Diplomarbeiten, Magisterarbeiten, Dissertationen
und andere Studienabschlußarbeiten aller Fachbereiche und Hochschulen.

**Seriosität, Professionalität und Exklusivität prägen unsere Leistungen:**

- Kostenlose Aufnahme der Arbeiten in unser Lieferprogramm
- Faire Beteiligung an den Verkaufserlösen
- Autorinnen und Autoren können den Verkaufspreis selber festlegen
- Effizientes Marketing über viele Distributionskanäle
- Präsenz im Internet unter **http://www.diplom.de**
- Umfangreiches Angebot von mehreren tausend Arbeiten
- Großer Bekanntheitsgrad durch Fernsehen, Hörfunk und Printmedien

Setzen Sie sich mit uns in Verbindung:

*Diplomarbeiten* Agentur
Dipl. Kfm. Dipl. Hdl. Björn Bedey
Dipl. Wi.-Ing. Martin Haschke
und Guido Meyer GbR

Hermannstal 119 k
22119 Hamburg

Fon: 040 / 655 99 20
Fax: 040 / 655 99 222

agentur@diplom.de

www.ingramcontent.com/pod-product-compliance
Lightning Source LLC
LaVergne TN
LVHW092341060326

832902LV00008B/755